Alfred de Musset

Mimi Pinson und andere Erzählungen

Alfred de Musset

Mimi Pinson und andere Erzählungen

Mit 16 Farbillustrationen

Artemis & Winkler
Winkler Weltliteratur
Kleine Bibliothek

Aus dem Französischen von Alfred Neumann
(Mimi Pinson, Frédéric und Bernerette) und Liselotte Ronte
(Die Liebe des kleinen Hiob und der schönen Blandine).

Umschlagmotiv: Adolph von Menzel, Die Störung (1846)

Die Deutsche Bibliothek – CIP-Einheitsaufnahme:

Musset, Alfred de:
Mimi Pinson und andere Erzählungen / Alfred de Musset.
[Aus dem Franz. von Alfred Neumann und Liselotte Ronte]. –
Düsseldorf; Zürich: Artemis und Winkler, 1998
(Winkler-Weltliteratur: Kleine Bibliothek)
ISBN 3-538-06671-X

Umschlaggestaltung: Bine Cordes, Weyarn
Satz: Fotosatz Moers, Mönchengladbach
Lithographie: Brockhaus & Conrad, Wuppertal
Druck und Bindung: Clausen & Bosse, Leck
Printed in Germany
ISBN 3-538-06671-X

INHALT

MIMI PINSON

Porträt einer Grisette

I

Unter den Studenten, die im vergangenen Jahr die Vorlesungen der medizinischen Fakultät hörten, befand sich ein junger Mann namens Eugène Aubert. Er stammte aus guter Familie und zählte an die neunzehn Jahre. Seine Eltern lebten in der Provinz und gewährten ihm einen bescheidenen Unterhalt, mit dem er jedoch auskam. Er führte ein ruhiges Leben und galt als freundlicher, sanfter Mensch. Seine Gefährten liebten ihn und hatten an ihm stets einen guten, dienstwilligen Kameraden mit offener Hand und offenem Herzen. Der einzige Fehler, den man ihm nachsagen konnte, war sein wunderlicher Hang zum Träumen, zum Einsamsein, war eine so übertriebene Zurückhaltung beim Sprechen und in den geringsten Handlungen, daß man ihn »Kleines Mädchen« nannte. Er lachte übrigens über seinen Spitznamen selber, und keinem seiner Freunde wäre es eingefallen, ihn damit beleidigen zu wollen; wußten sie doch, daß er im Notfall ebenso wacker seinen Mann stehen würde wie ein anderer; aber es war schon richtig, daß seine Lebensweise ein wenig den Spottnamen rechtfertigte, vornehmlich die Art, wie er sich zu den Sitten der Genossen in Gegensatz brachte. Wenn es arbeiten hieß, war er der erste am Werk; handelte es sich aber um eine Lustpartie, um ein Diner im Moulin de Beurre oder um einen Kontertanz in der Chaumière, dann schüttelte das »Kleine Mädchen« sein Köpfchen und strebte in sein möbliertes Zimmerchen zurück. Und dann die unter Studenten geradezu haarsträubende Tatsache: Nicht nur, daß Eugène keine Geliebte hatte, obschon ihm Alter und Aussehen manche Erfolge verschafft hätten, nein, man sah ihn noch nicht einmal im Laden die Grisetten hofieren, eine Selbstverständlichkeit, die seit Menschengedenken im Quartier Latin geübt wird. Die Schönen, die den Sainte-Geneviève-Hügel bevölkern und sich in die Liebe der Studenten teilen, flößten ihm einen Widerwillen ein, der an Abscheu grenzte. Er betrachtete sie als Abart, als Außenseiter, gefährlich, undankbar, verderbt und dazu geboren, kleine Lust stets mit Leid und Unheil zu entgelten. »Hütet euch vor diesen Weibern da«, sagte er, »es sind Puppen aus glühendem Eisen.« Und er fand leider nur zu viele Beispiele, um seinen Haß gegen sie zu rechtfertigen. Hader, Wirrnis, zuweilen auch Verfall: all die Begleiter dieser flüchtigen Verbindungen, die so glückhaft schienen, waren nur zu leicht zu nennen und zu beweisen, gestern und heute und wahrscheinlich auch morgen.

Es braucht kaum erwähnt zu werden, daß sich Eugènes Freunde beständig über seine moralischen Skrupel lustig machten: »Was willst du denn?« fragte ihn oft einer seiner Kameraden, Marcel, der sich als Lebemann ausgab. »Was beweist ein Fehler oder ein Malheur, das einem mal zufällig passiert?«

»Daß man enthaltsam sein soll«, erwiderte Eugène; »oder man muß fürchten, ein zweites Mal hereinzufallen.«

»Das ist ein Trugschluß«, entgegnete Marcel, »ein Kartenhausargument, das zusammenfällt, wenn man in der Nähe stolpert. Worüber willst du dich beunruhigen? Einer von uns hat im Spiel verloren; ist das ein Grund, ins Kloster zu gehen? Der eine hat keinen Sou mehr, der andere trinkt frisches Wasser; wird Elise deshalb den Appetit verlieren? Wem schadet es, wenn der Nachbar seine Uhr versetzt, um sich in Montmorency den Arm zu brechen? Die Nachbarin wird davon nicht einarmig. Du schlägst dich für Rosalie, kriegst einen Degenstich; sie dreht dir den Rücken, ganz einfach: Ist ihre Figur deshalb weniger hübsch? Das sind kleine Unannehmlichkeiten, mit denen das Dasein gespickt ist, und sie sind rarer, als du meinst. Sieh nur sonntags bei schönem Wetter all die Pärchen so harmonisch in den Cafés, in den Schenken und auf den Promenaden! Schau mir doch die schweren Omnibusse, wie sie wohlgerundet und grisettengestopft zum Ranelagh oder nach Belleville rollen. Zähle an einem Festtag nur die Massen, die aus dem Quartier Saint-Jacques drängen: die Bataillone der Putzmacherinnen, die Armeen der Näherinnen, die Schwärme der Tabakverkäuferinnen; sie alle sind vergnügt, sie alle haben ihre Liebschaften, sie alle flattern wie Sperlinge aus Paris und unter die ländlichen Lauben. Regnet es, dann geht man ins Melodram, ißt Orangen und vergießt Tränen; denn man ißt viel, wahrhaftig, und weint auch gern: beides beweist einen guten Charakter. Doch was tun die armen Mädchen Schlimmes, wenn sie am Sonntag mit gutem Beispiel vorangehen, Leid zu vergessen und den Nächsten zu lieben, sie, die die ganze Woche über nähen, heften, säumen, steppen und flicken? Und was kann ein ehrlicher Mann, der sich gerade eine lange Woche hindurch mit dem Sezieren wenig erfreulicher Objekte befaßt hat, Gescheiteres tun, als sich den Alltag aus den Augen zu spülen und klaren Blickes auf ein frisches Gesicht zu schauen, auf ein rundliches Bein und auf Gottes schöne Natur?«

»Übertünchte Gräber!« warf Eugène ein.

»Ich bleibe dabei«, fuhr Marcel fort, »daß man die Grisetten loben kann und muß und daß es gut ist, einen mäßigen Gebrauch von ihnen zu machen. Erstens sind sie tugendsam; denn sie verbringen die Tage, um die für Scham und Sittsamkeit unentbehrlichsten Bekleidungsstücke anzufertigen; zweitens sind sie wohlanständig; denn es gibt keine Weißwarenhändlerin oder sonst eine Geschäftsfrau, die nicht ihren Ladenmädchen ans Herz legt, mit den Kunden höflich zu sprechen; drittens sind sie sehr sorgfältig und sehr sauber, in Anbetracht der Tatsache, daß sie fortwährend zwischen den Händen Wäsche und Stoffe haben, die nicht schmutzig werden dürfen, wollen sie nicht schlechter bezahlt werden; viertens sind sie aufrichtig, denn sie trinken Likör; fünftens sind sie sparsam und anspruchslos; denn sie haben schon viel Mühe, dreißig Sous zu verdienen, und findet sich mal eine Gelegenheit, wo sie sich schleckerhaft und verschwenderisch zeigen können, so ist es nie auf ihre eigenen Kosten; sechstens sind sie lustig und vergnügt, denn ihre Arbeiten sind für gewöhnlich sterbenslangweilig, und sie zappeln und quirlen wie Fische im Wasser, sobald es Feierabend wird. Einer ihrer weiteren Vorzüge ist es, daß sie so gar nicht lästig fallen, sind sie doch ihr Leben lang auf einen Stuhl genagelt, von dem sie sich nicht fortbewegen können; infolgedessen ist es ihnen unmöglich, ihren Liebhabern nachzulaufen, gleich den Damen der guten Gesellschaft. Außerdem sind sie nicht schwatzhaft, weil sie ihre Stiche zählen müssen. Sie wenden nicht arg viel für ihre Schuhe auf, weil sie wenig laufen, nicht arg viel für ihre Kleider, weil man ihnen selten Kredit gibt. Muß man sie unbeständig heißen, so sind sie es nicht durch schlechte Romanlektüre, auch nicht durch böswillige Veranlagung; sie werden es durch die Vielzahl unterschiedlicher Personen, die vor ihren Läden stehen bleiben; andererseits beweisen sie genügend ihre Fähigkeit zu großen Leidenschaften durch die erkleckliche Anzahl derer, die sich täglich in die Seine oder aus dem Fenster stürzen oder die zu Hause Kohlengas einatmen. Sie haben – das ist wahr – den Nachteil, fast immer über Hunger und Durst zu klagen, eben weil sie gar so mäßig sind; doch ist es bekannt, daß sie sich an Stelle eines Mahles mit einem Glas Bier und einer Zigarre zu begnügen vermögen: eine kostbare Eigenschaft, die man gar selten in der Ehe antrifft. Kurz, ich betone, daß sie gütig, liebenswürdig, treu und uneigennützig sind und daß es überaus bedauerlich ist, wenn sie im Spital enden.«

Unter solchen Reden verging die meiste Zeit im Café, wenn Marcel sich ein wenig erhitzt hatte; er füllte sodann das Glas des Freundes und wollte ihn auf das Wohl von Fräulein Pinson zu trinken bitten, die Weißnäherin und ihm benachbart war; doch Eugène nahm seinen Hut und machte sich sachte davon, während Marcel den Gefährten zu predigen fortfuhr.

II

Fräulein Pinson war nicht gerade das, was man eine hübsche Frau nennt. Es ist ein beträchtlicher Unterschied zwischen einer hübschen Frau und einer hübschen Grisette. Wenn eine hübsche Frau – als solche anerkannt und in der Pariser Sprache bezeichnet – es unternähme, sich ein Häubchen aufzusetzen, ein baumwollenes Kleid anzuziehen und eine Seidenschürze vorzubinden, so könnte sie sehr wohl einer hübschen Grisette ähneln. Aber wenn eine Grisette sich mit einem Hut ausstaffiert, mit einem Samtmäntelchen und einem Gewand von Palmyra, so ist sie keineswegs unbedingt eine hübsche Frau; es ist ganz im Gegenteil wahrscheinlich, daß sie wie ein Kleiderständer aussieht und dann nicht mit Unrecht so behandelt wird. Der Unterschied besteht also in den Lebensbedingungen der beiden Frauen und vornehmlich in dem Stück runden Karton – mit Stoff überzogen und Hut benannt –, den rings um den Kopf zu drücken die Frauen für ratsam befinden und der den Scheuklappen der Pferde nicht unähnlich ist. (Es muß indes erwähnt werden, daß die Scheuklappen den Pferden das Seitwärtsblicken unmöglich machen, daß aber das Kartonstück nicht im geringsten stört.)

Wie dem auch sei, ein Häubchen berechtigt zu einem Stupsnäschen, zu dem wiederum ein nicht gerade unscheinbarer Mund gehört mit selbstverständlich schönen Zähnen und einem wohlgeformten Gesicht als Rahmen. Ein wohlgeformtes Gesicht verlangt blanke Augen; und das Netteste ist, wenn sie möglichst schwarz sind, und die Brauen dementsprechend. Die Haare sind *ad libitum,* vorausgesetzt, daß sie zu den Schwarzaugen passen. Alles zusammen also ist, wie man sieht, von dem eigentlich Schönen weit entfernt. Man kann es die anziehende Unregelmäßigkeit der Grisettenfigur nennen, ihr klassisches Bild, das vielleicht unter dem Kartonstück häßlich wirken würde und das doch nicht eben selten durch das Häubchen reizend wird und hübscher als die Schönheit. So war Fräulein Pinson.

Marcel hatte sich in den Kopf gesetzt, daß Eugène diesem Fräulein den Hof machen müßte. Warum? Ich weiß es wirklich nicht, es sei denn deshalb, weil er selbst Fräulein Zélia anhimmelte, die mit Fräulein Pinson eng befreundet war. Es schien ihm natürlich und bequem, so die Angelegenheit nach seinem Geschmack zu deichseln und höchst freundschaftlich Liebe zu stiften. Solcherlei Berechnungen sind nicht gerade selten und haben auch oft genug Erfolg; denn die Gelegenheit ist, solange die Welt besteht, von allen Versuchungen die stärkste. Wer könnte die Geschicke nennen, Glück und Unglück, Leidenschaft, Kampf, Freude und Hoffnungslosigkeit, die zwei nebeneinanderliegende Türen, eine versteckte Treppe, ein Gang, eine zerbrochene Fensterscheibe heraufbeschwören?

Und doch gibt es Menschen, die sich den Spielen des Zufalls entgegenstemmen. Sie wollen ihr Glück erobern, nicht es in der Lotterie gewinnen, und sind nicht zur Liebe bereit, nur weil sie in der Schnellpost neben einer hübschen Frau sitzen. So nun war Eugène, und Marcel wuß-

Elegante Dame am Putztisch. Lithographie, koloriert, um 1850.
Foto: AKG, Berlin.

te es; drum hatte er seit langem einen ganz einfachen Plan ausgebrütet, der nach seinem Glauben prachtvoll war und vor allem unfehlbar den Widerstand des Gefährten brechen mußte.

Er hatte ein Abendessen zu geben beschlossen und fand keinen besseren Vorwand als seinen Namenstag. Er ließ also in seine Wohnung zwei Dutzend Flaschen Bier schaffen, des ferneren ein großes Stück kalten Braten mit Salat, einen riesigen Blechkuchen und eine Flasche Champagner. Er lud zuerst zwei befreundete Studenten ein und ließ dann Fräulein Zélia wissen, daß er einen häuslichen Galaabend veranstalte und daß sie Fräulein Pinson mitbringen solle. So geschah es. Marcel galt mit vollem Recht als einer der ersten Kavaliere des Quartier Latin, als einer der Herren, denen man keinen Korb geben mochte; und es hatte des Abends kaum sieben Uhr geschlagen, als die beiden Grisetten an die Tür des Studenten klopften, Fräulein Zélia in kurzem Kleid, grauen Halbstiefelchen und mit einem blumengeschmückten Häubchen, Fräulein Pinson - noch bescheidener - in ihrem einzigen schwarzen Kleidchen, das sie, wie man ihr sagte, ein wenig wie eine Spanierin aussehen ließ; darauf war sie ungemein stolz. Alle beide - wie man sich wohl denken kann - wußten nichts von den heimlichen Absichten ihres Gastgebers.

Marcel war nicht so ungeschickt, Eugène im voraus einzuladen; er wäre seiner Weigerung gar zu sicher gewesen. Erst als die Damen Platz genommen hatten und das erste Glas geleert war, bat er um die Erlaubnis, sich für einige Augenblicke entfernen zu dürfen: Er wolle noch einen Gast holen; dann steuerte er zur Wohnung Eugènes und fand ihn wie gewöhnlich allein mit seinen Büchern und in tiefer Arbeit. Nach einigen nichtssagenden Sätzen begann er ganz sacht mit seinen gewöhnlichen Vorwürfen: Er überarbeite sich, er tue unrecht, gar keine Zerstreuung zu suchen, und schlug ihm dann einen Spaziergang vor. Eugène, der den ganzen Tag über gearbeitet hatte und in der Tat ein wenig matt war, sagte zu; die beiden jungen Männer gingen gemeinsam aus dem Haus, und nach einigem Auf- und Abpromenieren im Luxembourg-Park machte es Marcel kaum Mühe, den Freund zu sich hinaufzunötigen.

Die beiden Grisetten, denen, allein gelassen, das Warten wahrscheinlich langweilig wurde, hatten es sich nach und nach bequem gemacht und Schal und Häubchen abgelegt; sie sangen und tanzten einen Kontertanz, nicht ohne von Zeit zu Zeit die Speisen mit einer Kostprobe zu beehren. Schon blitzten die Augen, und die Freude färbte die Gesichter; sie machten gerade eine kleine Pause, vergnügt und ein wenig außer Atem, als Eugène grüßend eintrat, mit einem Gesicht, das ebenso ängstlich wie überrascht dreinschaute. Einsiedlerisch wie er lebte, kannten sie ihn kaum; dann hatten sie ihn auch sofort von Kopf bis Fuß mit einer beharrlichen Neugierde gemustert, wie sie das Privileg ihres Standes ist; darauf sangen und tanzten sie wieder, als ob nichts gewesen wäre. Der neue Ankömmling machte halb verwirrt einige Schritte nach rückwärts und dachte vielleicht schon an Flucht; Marcel jedoch verschloß die Tür zweimal und warf laut den Schlüssel auf den Tisch.

»Noch kein Mensch da!« schrie er. »Was treiben denn unsre Freunde? Doch was tut es, der scheue Wilde gehört uns. Meine Damen, ich stelle Ihnen den tugendsamsten Jüngling von Frankreich und Navarra vor, der schon lange wünscht, sich der Ehre Ihrer Bekanntschaft zu erfreuen, und der ganz besonders für Fräulein Pinson eine große Verehrung hegt.«

Der Kontertanz pausierte von neuem: Fräulein Pinson verbeugte sich leicht und setzte das Häubchen wieder auf.

»Eugène!« schrie Marcel weiter, »heute ist mein Namenstag; diese beiden Damen möchten ihn gern mit uns feiern. Ich habe dich fast gewaltsam herbeigeschafft, das ist wahr; aber ich hoffe, daß du freiwillig auf unsere gemeinsamen Bitten bleibst. Es ist jetzt fast acht Uhr; wir haben noch Zeit, eine Pfeife zu rauchen, und hoffen dann Appetit zu bekommen.«

So sprach er und warf einen bezeichnenden Blick auf Fräulein Pinson, die ihn sogleich verstand und sich ein zweites Mal lächelnd verbeugte; dann sprach sie mit sanfter Stimme zu Eugène: »Gewiß, mein Herr, wir bitten Sie darum.«

In diesem Augenblick klopften die beiden Studenten, die Marcel eingeladen hatte, an die Tür. Eugène sah ein, daß es kein Mittel gab, sich fortzuschleichen, ohne böses Blut zu machen, und er nahm resigniert mit den andern Platz.

III

Das Essen dauerte lange, und es ging laut zu. Die Herren hatten das ganze Zimmer vollgepafft und tranken, um Luft zu bekommen, um so mehr. Die Damen bestritten die Unterhaltung und erheiterten die Gesellschaft auf Kosten ihrer Freunde und Bekannten mit mehr oder minder pikanten Dingen und mit mehr oder minder glaubhaften Abenteuern, wie man sie sich hinter dem Ladentisch zuraunt.

Entbehrte die Handlung auch zuweilen der Wahrscheinlichkeit, so war sie doch nicht fad. Zwei Kanzleischreiber hatten da, wenn man ihnen glauben will, mit spanischen Wertpapieren spekuliert und zwanzigtausend Franken gewonnen, die sie innerhalb von sechs Wochen mit zwei Handschuhverkäuferinnen verjubelten. Der Sohn eines der reichsten Pariser Bankiers hatte einer gefeierten Weißnäherin eine Loge in der Oper und ein Landhaus

Jan van Beers, *Die Kurtisane*. Foto: AKG, Berlin.

versprochen; die jedoch wies ihn ab, sorgte lieber weiter für ihre Eltern und blieb ihrem Kommis von den Deux-Magots treu. Eine Persönlichkeit, die man nicht nennen könne und die durch ihren Rang gezwungen sei, sich mit undurchdringlichem Geheimnis zu umhüllen, besuchte inkognito eine Stickerin der Passage du Pont-Neuf; die wurde plötzlich auf höheren Befehl entführt, um Mitternacht in einen Postwagen gesteckt, mitsamt einer Tasche voll Banknoten, und nach den Vereinigten Staaten geschickt. Und so weiter.

»Genug«, sagte Marcel, »wir kennen das. Zélia improvisiert und Fräulein Mimi (so nannte sich Fräulein Pinson im intimen Kreise) gibt unvollkommene Auskunft. Eure Kanzleischreiber haben nur eine Fußverrenkung eingeheimst, als sie über die Gosse sprangen; euer Bankier offerierte eine Orange, und eure Stickerin ist so wenig in den Vereinigten Staaten, daß sie jeden Tag von zwölf bis vier Uhr im Spital der Charité zu sehen ist, wo sie infolge Nahrungsmangels Wohnung genommen hat.«

Eugène saß neben Fräulein Pinson. Er glaubte zu bemerken, wie sie bei den letzten ganz gleichgültig gesprochenen Worten erbleichte. Doch im gleichen Augenblick fast stand sie auf, zündete sich eine Zigarette an und rief entschlossenen Tones:

»Jetzt seid mal still! Ich bitte ums Wort! Da der Herr Marcel nicht an Fabeln glaubt, will ich jetzt eine wahre Geschichte erzählen, et quorum pars magna fui.«

»Sie sprechen lateinisch?« fragte Eugène.

»Wie Sie hören«, antwortete Fräulein Pinson; »diesen Spruch habe ich von meinem Onkel, der unter dem großen Napoleon diente und keinen Schlachtbericht begann, ohne ihn zu zitieren. Wenn Sie nicht wissen, was die Worte heißen, so können Sie es umsonst erfahren. Sie bedeuten: ›Ich gebe Ihnen darauf mein Ehrenwort.‹ Sie sollen also wissen, daß ich in der letzten Woche mit zwei meiner Freundinnen, Blanchette und Rougette, ins Odéon-Theater ging...«

»Warten Sie, ich will den Kuchen aufschneiden«, warf Marcel ein.

»Schneiden Sie, doch hören Sie zu«, entgegnete Fräulein Pinson. »Ich war also mit Blanchette und Rougette ins Odéon gegangen, um eine Tragödie zu sehen, Rougette hatte gerade, wie Sie wissen, ihre Großmutter verloren; sie erbte vierhundert Franken. Wir nahmen eine Loge; drei junge Leute, Studenten, die im Parterre saßen, gewahrten uns und luden uns zum Souper ein, unter dem Vorwande, daß wir so allein seien.«

»So gerade heraus?« fragte Marcel; »wahrhaftig sehr galant. Und Sie haben einen Korb gegeben, vermute ich.«

»Nein, mein Herr«, erwiderte Fräulein Pinson; »wir nahmen an und begaben uns schon während der Pause zu Viot, ohne das Ende abzuwarten.«

»Mit den Kavalieren?«

»Mit den Kavalieren. Der Kellner behauptete zuerst, es gäbe nichts mehr; aber das konnte uns nicht abhalten. Wir befahlen, die ganze Stadt abzusuchen, um das Nötige aufzutreiben. Rougette nahm die Feder und bestellte ein wahres Hochzeitsmahl: Krabben, ein Eierkuchen mit Zucker, Krapfen, Miesmuscheln, Eierschaum, kurz alles Gute aus dem Bereich der Kochtöpfe. Unsere unbekannten Jünglinge schnitten, um die Wahrheit zu sagen, schon leicht Gesichter...«

»Weiß der Himmel, das glaube ich!« meinte Marcel.

»Wir nahmen davon keine Notiz. Als aufgetragen war, spielten wir die großen Damen. Nichts war uns gut genug, nichts unser Geschmack. Kaum war ein Gericht aufgetragen, als wir es auch schon zurückschickten, um etwas anderes zu verlangen. ›Kellner, nehmen Sie das da weg – das ist ja ungenießbar – wo haben Sie denn so etwas Schreckliches aufgetrieben?‹ – Unsere unbekannten

Herren wollten so gerne essen, aber es wurde ihnen nicht erlaubt. Kurz, wir aßen zu Abend wie Sancho sein Mittagsmahl, und der Zorn verführte uns sogar dazu, noch einiges Geschirr zu zertrümmern.«

»Nettes Betragen! Und wie war es mit dem Bezahlen?«

»Das war die nämliche Frage, die sich die drei Unbekannten stellten. Nach der Aussprache, die sie mit leiser Stimme pflegten, schien uns der eine von ihnen sechs Franken zu besitzen, der andere noch viel weniger und der dritte nichts als seine Uhr, die er freigebig aus der Tasche zog. In diesem Zustand erschienen die drei Unglücksraben an der Kasse und hofften, eine kleine Zahlungsfrist zu erwirken. Was, glauben Sie wohl, gab man ihnen zur Antwort?«

»Ich meine«, antwortete Marcel, »man hat Sie beide als Pfand dabehalten und die Herren ins Loch gesteckt.«

»Das ist ein Irrtum«, sagte Fräulein Pinson; »bevor wir ins Speisezimmer gingen, hatte Rougette ihre Maßnahmen getroffen und alles im voraus bezahlt. Stellen Sie sich die theatralische Wirkung vor, als Viot antwortete: ›Meine Herren, alles ist bezahlt!‹ Unsere Unbekannten glotzten uns an, wie nie zuvor drei Hunde auf drei Bischöfe starrten, gar jämmerlich bestürzt und zugleich gerührt. Wir indes gingen, ohne darauf achtzugeben, hinunter und ließen uns einen Fiaker kommen.

›Liebste Marquise‹, sprach Rougette zu mir, ›man muß doch die Herren wieder nach Haus bringen.‹

›Gern, teuerste Gräfin‹, gab ich zur Antwort. Unsere armen Liebhaber wußten nicht, was sie sagen sollten. Ich brauche Ihnen nicht zu sagen, wie verlegen sie waren! Sie wehrten unsere Höflichkeit ab, sie wollten nicht nach Hause gebracht werden und verweigerten ihre Adresse ... Ich glaube es gern! Sie waren ganz erschüttert, daß sie es mit großen Damen zu tun gehabt hatten, wohnten sie doch selbst in der Rue du Chat-qui-pêche!«

Die beiden Studenten, Marcels Freunde, die bisher nur ruhig vor sich hin geraucht und getrunken hatten, schienen von der Geschichte wenig erbaut. Ihre Gesichter verfinsterten sich; vielleicht wußten sie ebensoviel wie Fräulein Pinson von dem unglückseligen Abendessen; denn sie warfen auf das Mädchen einen unruhigen Blick, als Marcel lachend zu ihr sagte:

»Entlarven Sie sie, Fräulein Mimi. Da es vergangene Woche war, wäre es keine Ungezogenheit mehr.«

»Niemals, mein Herr«, entgegnete die Grisette. »Man kann einen Mann foppen, doch ihm in seiner Laufbahn schaden, niemals!«

»Sie haben recht«, sprach Eugène, »und Sie verfahren da vielleicht klüger, als Sie es selbst glauben. Von allen jungen Leuten, die die Hochschulen bevölkern, gibt es wohl fast keinen, der nicht einen Fehler begangen hätte, und doch kommt alles Bedeutende und Respektierliche in Frankreich von der Universität: Ärzte, Justizbeamte...«

»Jawohl«, fiel Marcel ein, »das stimmt. Es gibt zukünftige Pairs von Frankreich, die bei Flicoteaux dinieren und die nicht immer wissen, womit sie bezahlen sollen. Doch«, fügte er augenblinzelnd hinzu, »haben Sie nicht Ihre Unbekannten wiedergesehen?«

»Für wen halten Sie uns?« antwortete Fräulein Pinson ernst und fast verletzt. »Kennen Sie Blanchette und Rougette? Und glauben Sie etwa, ich selbst würde...«

»Schon gut«, besänftigte Marcel, »regen Sie sich nicht auf. Doch da habt ihr ja wieder ein Beispiel dieser Unüberlegtheit. Drei Leichtfüße, die kaum für den nächsten Tag zu essen haben, werfen das Geld zum Fenster hinaus für das Vergnügen, drei arme Teufel hinters Licht zu führen, die wirklich nichts dafür können!«

»Warum laden Sie uns zum Souper ein?« meinte Fräulein Pinson.

IV

Mit dem Kuchen erschien in ihrem Glanze die einzige Flasche Champagner, die den Nachtisch vorzustellen hatte. Mit dem Wein kam die Lust zu singen.

»Ich sehe«, sprach Marcel, »ich sehe, wie Cervantes sagt, daß sich Zélia räuspert; das heißt: Sie will singen. Doch wenn die Herren nichts dagegen haben: Ich bin es, den man feiert und der infolgedessen Fräulein Mimi bittet, uns zu Ehren ein Liedchen zu singen, falls sie nicht durch ihre Anekdote heiser geworden ist. Eugène«, fuhr er fort, »sei doch ein wenig galant, stoß mit deiner Tischdame an und bitte sie für mich um ein Lied.«

Eugène wurde rot und gehorchte. Mit denselben Worten, mit denen Fräulein Pinson ihn zum Bleiben zu bewegen geruht hatte, wandte er sich zaghaft ihr zu: »Gewiß, mein Fräulein, wir bitten Sie darum.«

Zugleich hob er sein Glas und stieß mit der Grisette an. Der leichte Klang war wie von einem Silberglöckchen; Fräulein Pinson fing diesen Ton mit ihrer reinen frischen Stimme auf und sang ihn mit langem Triller.

»Also gut«, sagte sie, »ich bin bereit; denn mein Glas gibt mir das a an. Doch was soll ich singen? Ich ziere mich nicht, ihr könnt es mir glauben, doch ich kann keine Soldatenlieder. Ich mag mir nicht den Kopf mit sowas vollstopfen!«

»Wissen wir«, meinte Marcel, »Sie sind ein Engel; wählen Sie ruhig nach Ihrem Geschmack, die Meinungen sind zollfrei.«

»Schön«, entgegnete Fräulein Pinson; »dann singe ich aufs Geratewohl ein paar Verse, die man auf mich gemacht hat.«

»Achtung! Wer ist der Dichter?«

»Meine Freundinnen vom Geschäft. Es ist Nähnadelpoesie; also bitte Nachsicht.«

»Kommt in Ihrem Lied ein Refrain vor?«

»Auch eine Frage! Gewiß doch!«

»Dann also«, sprach Marcel, »wollen wir unsere Messer nehmen und beim Refrain auf den Tisch klopfen; wir müssen aber versuchen, im Takt zu bleiben. Zélia braucht ja nicht mitzutun, wenn sie nicht will.«

»Warum denn nicht, Bösewicht?« fragte Zélia zornig.

»Darum«, entgegnete Marcel; »doch wenn Sie dabei sein wollen, gut, dann klopfen Sie mit einem Korken; das ist für unsere Ohren und für Ihre weißen Hände zuträglicher.«

Marcel hatte Gläser und Teller zu einem Kreis geordnet und sich mit dem Messer in der Hand mitten vor den Tisch gesetzt. Die beiden Studenten vom Souper der Rougette, die schon wieder etwas lustiger waren, entfernten den Pfeifenkopf, um mit dem Holzrohr zu klopfen; Eugène träumte, und Zélia schmollte. Fräulein Pinson nahm einen Teller und bedeutete, daß sie ihn zerschlagen wolle; Marcel antwortete mit einer zustimmenden Geste; die Sängerin machte sich daraufhin aus den Scherben Kastagnetten, entschuldigte sich im voraus, sollten die Verse für sie allzuviel Schmeichelhaftes enthalten, und begann also das Lied, wie es ihre Kolleginnen komponiert hatten:

Mimi Pinson ist eine blonde Maid,
Eine blonde Maid, man kennt sie gut.
Sie hat auf Erden nur ein Kleid,
Trali tralala!
Und einen Hut.
Der Großtürk hat davon wohl mehr.
So sorgte sich der Herrgott sehr
Für ihre Sittsamkeit.
Und auch versetzen kann man schwer
Mimi Pinsons einziges Kleid.
Mimi Pinson trägt eine Rose weiß,

Eine weiße Rose am Kleid.
Die Blume in ihrem Herzen heiß,
Trali tralala!
Heißt Heiterkeit.
Und macht sie wach ein gutes Mahl,
So steigen schon aus ihrem Pokal
Trinklieder in das Blut:
Auf einem Ohr hängt manchesmal
Mimi Pinsons einziger Hut.

Und Blick und Hand führt sie geschwind,
Und alle Mediziner sind
Für ihre Rockärmel zum Schaden,
Trali tralala!
In ihrem Laden.
Mimi will niemanden bedrücken,
Ihr Unterricht scheint zu beglücken
Zu der Sorbonne Neid.
Man darf nur nicht zu nahe rücken
Mimi Pinsons einzigem Kleid.

Mimi Pinson wird wohl Jungfer bleiben,
Wie Gott will, mag das Schifflein treiben.
Und stets wird ihren Fingerspitzen,
Trali tralala!
Die Nadel blitzen.
Und daß er sie erobern kann:
Genügt nicht, daß ein junger Mann
Ihr schön und ehrbar tut.
Denn sehr auf seiner Hut ist dann
Mimi Pinsons einziger Hut.

Wenn Amor sie zu krönen denkt
Mit einem Kranz Orangenblüten,
Dann kann sie es sehr wohl vergüten

Le lever des grisettes. Kupferstich, koloriert. Nach Zeichnungen von J. B. Isabey und Dutailly. Foto: AKG, Berlin.

Trali tralala!
Sie weiß, was sie schenkt.
Man sei zu glauben nicht gewillt,
Ein Mantel wär's vom Wappenschild
Mit Hermelin beschneit:
Als Fassung einer Perle gilt
Mimi Pinsons einziges Kleid.

Mimi Pinsons Seele ist ohn' Schlacke,
Das Herz sehr für die Republik.
Sie führte die drei Tage Krieg
Trali tralala!
In der Unterjacke.
Die Nadel ward zum Spieß gekürt,
Und Wachen hat sie aufgeführt,
Sie führte gut!
Nur eines Glückskinds Farben ziert
Mimi Pinsons einziger Hut.

Die Messer und die Pfeifen, sogar die Stühle polterten bei jedem Versende, wie es sich gehörte. Die Gläser tanzten auf dem Tisch, die halbvollen Flaschen schwappten lustig hin und her und gaben sich kleine Rippenstöße.

»Und Ihre Freundinnen sollen dieses Lied komponiert haben?« zweifelte Marcel. »Da steckt gewiß ein Überarbeiter dahinter, das ist zu parfümiert. Reden wir lieber von den guten Liedern, in denen man die Dinge deutlich sagt!«

Und er intonierte mit kräftiger Stimme:

»Nanette war noch nicht fünfzehn Jahr...«

»Genug, genug«, rief Fräulein Pinson; »tanzen wir lieber; einen Walzer vielleicht. Gibt es hier einen, der Musik machen kann?«

»Ich habe, was Sie brauchen«, antwortete Marcel, »ich besitze eine Gitarre; doch«, fuhr er fort und nahm das Instrument von der Wand, »meine Gitarre ist nicht so, wie sie sein soll; ihr fehlen drei Saiten.«

»Doch da ist ja ein Klavier«, meinte Zélia; »Marcel wird uns aufspielen.«

Marcel schleuderte seiner Freundin einen derart wütenden Blick zu, als ob sie ihn eines Verbrechens beschuldigt hätte. Es stimmte schon, daß er einen Kontertanz zu spielen imstande war; aber das war für ihn, wie für manchen andern auch, eine Tortur, der er sich wenig gern unterzog. Zélia wußte es wohl und rächte so die Korkengeschichte.

»Sind Sie verrückt?« rief Marcel; »Sie wissen doch sehr gut, daß das Klavier nur dasteht, um etwas vorzustellen, und daß weiß Gott nur Sie allein darauf herumkratzen. Woher wollen Sie wissen, daß ich zum Tanz aufspielen kann? Ich kenne nur die Marseillaise, die ich mit einem Finger anschlage. Wenden Sie sich an Eugène, dann haben Sie Glück; das ist ein Kerl, der sich darauf versteht! Ich aber werde mich hüten, ihn damit zu ärgern. Nur Sie können so schwatzhaft sein, um unbedacht solche Sachen anzustellen.«

Zum drittenmal wurde Eugène rot, und er schickte sich an, die Bitte zu erfüllen, um die man ihn so listig und mit Umwegen anging. Er setzte sich ans Klavier, und eine Quadrille stellte sich auf.

Der Tanz dauerte fast so lange wie das Essen. Nach dem Kontertanz kam ein Walzer, nach dem Walzer ein Galopp; denn man tanzt noch Galopp im Quartier Latin. Die Damen vor allem waren unermüdlich; sie sprangen herum und lachten, daß die ganze Nachbarschaft hätte davon wach werden können. Eugène, durch den Lärm und das lange Aufbleiben doppelt müde, fiel allmählich, immer mechanisch weiterspielend, in eine Art Halbschlaf, wie die Postillione, die auf dem Pferd einnicken. Die Tänzerinnen glitten an ihm vorbei und um ihn herum wie Traumphantome. Nichts ist trauriger, als wenn ein

Mensch zusieht, wie die anderen lachen; und so war die Melancholie, zu der er neigte, bald bei ihm und umfing ihn: »Traurige Lust«, dachte er, »erbärmliches Vergnügen: ihr Augenblicke, die wir dem Unglück zu stehlen vermeinen. Und wer weiß, welcher von diesen fünf Menschen, die so fröhlich um mich herumspringen, sicher ist – wie Marcel sagte –, morgen etwas zum Essen zu haben?«

Wie er sich dies bedachte, kam Fräulein Pinson nahe an ihm vorbei; er glaubte zu sehen, wie sie während des Galopps verstohlen ein Stück Kuchen, das noch auf dem Tisch lag, in ihrer Tasche verschwinden ließ.

V

Es wurde schon Tag, als sich die Gesellschaft trennte. Bevor Eugène nach Hause ging, spazierte er noch einige Zeit durch die Straßen, um die frische Morgenluft zu atmen. Immer noch hing er seinen traurigen Gedanken nach; und wie ihnen zum Trotz summte er fortwährend das Lied der Grisette:

Sie hat auf Erden nur ein Kleid
und einen Hut.

»Ist das möglich?« fragte er sich. »Kann sich das Unglück bis zu einem Punkte steigern, daß es sich in die Brust wirft und sich selbst verspottet? Kann man darüber lachen, daß kein Brot mehr zu essen da ist?«

Der Zweck des eingesteckten Stück Kuchens war nicht zu verkennen. Eugène konnte ein Lächeln nicht unterdrücken; zugleich durchschauerte ihn Mitleid. »Immerhin«, meinte er dann, »sie nahm Kuchen und nicht Brot; es ist schon möglich, daß sie es aus Näscherei tat. Wer weiß? Da ist vielleicht ein Kind in der Nachbarschaft, dem sie Backwerk mitbringen will, vielleicht eine schwatzhafte Hausmeisterin, die sonst erzählen würde, sie sei

Henri de Toulouse-Lautrec, *Eine Frau, die ihren Strumpf anzieht,* 1894. Foto: AKG, Berlin.

die Nacht nicht daheim gewesen, ein Zerberus, dem der Mund gestopft werden muß.«

Eugène achtete nicht, wohin er ging, und fand sich mit einemmal mitten in dem Labyrinth der Gäßchen, die hinter der Bucy-Kreuzung sind und kaum einen Wagen durchlassen. Als er gerade wieder umkehren wollte, verließ eine Frau, die in einen häßlichen Morgenrock gehüllt war, barhäuptig, mit unordentlichen Haaren, bleich und verstört ein altes Haus. Sie schien so schwach, daß sie kaum zu gehen vermochte; die Knie wankten ihr; sie stützte sich gegen die Mauern und wollte scheinbar einem benachbarten Tor zustreben, an dem sich ein Briefkasten befand, um in ihn einen Brief zu werfen, den sie in der Hand hielt. Überrascht und erschreckt ging Eugène auf sie zu und fragte sie, wohin sie wolle, was sie suche und ob er ihr helfen könne. Zugleich hob er den Arm, um sie zu stützen, die nahe daran war, auf den Prellstein zu sinken. Doch ohne zu antworten, wich sie mit einer halb furchtsamen, halb stolzen Gebärde zurück. Sie legte den Brief auf einen Prellstein, wies mit dem Finger auf den Briefkasten und sagte, alle Kraft aufbietend, nur: »Da!« Dann schleppte sie sich wieder an der Mauer entlang ins Haus zurück. Eugène versuchte vergeblich, ihr seinen Arm aufzuzwingen und seine Fragen zu wiederholen. Sie trat langsam in den finstren, schmalen Gang zurück, aus dem sie gekommen war.

Eugène hatte den Brief aufgehoben und tat ein paar Schritte, um ihn in den Kasten zu werfen; doch bald blieb er stehen. Das Zusammentreffen mit der Fremden hatte ihn so stark erschüttert, er fühlte in sich Erschrecken und so unbedingtes Mitleid, daß er ohne Überlegung, fast unwillkürlich, das Siegel erbrach. Es dünkte ihn hassenswert und verächtlich, wollte er nicht jede Möglichkeit aufwenden, um dieses Geheimnis zu ergründen. Mit der Frau ging es allem Anschein nach zu Ende; war es Krankheit, war es Hunger? Auf jeden Fall Unglück. Eugène öffnete den Brief; er trug die Adresse: »An Herrn Baron von ***« und enthielt das Folgende.

»Mein Herr, lesen Sie diesen Brief, weisen Sie meine Bitte nicht zurück, um der Barmherzigkeit willen! Sie können mich retten, Sie nur allein. Glauben Sie meinen Worten, retten Sie mich; Sie tun eine gute Tat und werden Glück ernten. Ich litt an einer grausamen Krankheit, die mir mein bißchen Kraft und Mut nahm. Im August gehe ich wieder ins Geschäft; meine Habe ist in der letzten Wohnung als Pfand zurückbehalten worden, und ich bin fast gewiß, noch vor Sonnabend auf der Straße zu liegen. Ich habe solche Furcht, Hungers zu sterben, daß ich heute morgen beschloß, ins Wasser zu gehen; denn seit fast vierundzwanzig Stunden nahm ich nichts zu mir. Als ich mich Ihrer erinnerte, kam es ein wenig wie Hoffnung in mein Herz. Ich habe mich doch nicht getäuscht, nicht wahr? Mein Herr, ich flehe Sie kniefällig an, so wenig Sie auch für mich tun mögen, es läßt mich doch noch einige Tage atmen. Ich habe Furcht vor dem Sterben, ich bin erst dreiundzwanzig Jahre alt! Ich erreiche vielleicht mit ein wenig Hilfe den Monatsersten. Wenn ich Worte wüßte, Ihr Mitleid zu erregen, ich sagte sie; aber mir kommt nichts in den Sinn. Ich kann nur über meine Ohnmacht weinen; denn ich fürchte sehr, Sie behandeln den Brief wie alle diese allzu gleichen und allzu zahlreichen: Sie werden ihn zerreißen, Sie werden nicht dran denken, daß eine arme Frau da ist, die wartet, Stunden und Minuten wartet, die hofft, auch Sie würden einsehen, es sei zu grausam, sie so im Ungewissen zu lassen. Nein, ich bin überzeugt, Sie werden sich nicht von dem Gedanken, einen Louisdor spenden zu müssen, – was ist für Sie ein Louisdor? – abschrecken lassen; auch dünkt mich für Sie nichts leichter, als Ihr Almosen in ein Papier zu falten und zu adressieren: ›An Fräulein Bertin, Rue de l'Éperon.‹ Ich wechselte den Namen, seitdem ich in den Geschäften arbeite, denn der meine ist der meiner Mutter. Wenn Sie aus dem Hause gehen, übergeben Sie es einem Boten. Ich warte Mittwoch und Donnerstag, ich bitte inbrünstig zu Gott, er lasse Sie menschlich sein.

Mir kommt der Gedanke, Sie werden nicht an soviel Unglück glauben, doch sähen Sie mich, wären Sie überzeugt.

Rougette.«

Wenn Eugène schon durch den Inhalt gerührt war, so läßt sich denken, daß sich sein Erstaunen verdoppelte, als er die Unterschrift las. So war es also dasselbe Mädchen, das sinnlos sein Geld in Vergnügen verpraßte, das sich das lächerliche Souper ausdachte, von dem Fräulein Pinson erzählt hatte: Diese Frau war es also, die das Unglück in solche Leiden drängte, in dieses unerhörte Flehen! Das Übermaß von tollem Leichtsinn schien Eugène kaum glaublich und wie ein Traum. Doch hier die unzweifelhafte Unterschrift! Und Fräulein Pinson hatte im Laufe des Abends ebenfalls den Spitznamen ihrer armen Rougette ausgesprochen, die sich jetzt Fräulein Bertin nannte. Wieso war sie so mit einemmal verlassen, ohne Hilfe, ohne Brot, fast ohne Asyl? Und was trieben ihre Freundinnen von gestern, während sie vielleicht in irgendeinem Winkel dieses Hauses verschied? Und was war das für ein Haus, das einen so sterben ließ?

Jetzt war nicht der rechte Augenblick für Vermutungen; jetzt galt es, vor allem der Hungernden zu helfen.

Fürs erste trat Eugène in ein gerade geöffnetes Lokal und kaufte, was er finden konnte. Danach schritt er, gefolgt vom Kellner, zur Wohnung Rougettes; doch er zögerte, so unvermutet vor ihr zu erscheinen. Der Stolz, den er bei der Armen wahrgenommen hatte, ließ, wenn nicht eine Weigerung, so doch zumindest die Pein verletzter Schamhaftigkeit befürchten; wie sollte er ihr gestehen, daß er den Brief gelesen hätte? Als sie vor der Tür waren, sagte er zum Kellner:

»Kennen Sie eine junge Person, die hier wohnt und die Fräulein Bertin heißt?«

»Und ob ich sie kenne, mein Herr!« antwortete der Kellner. »Wir sind es ja, die ihr für gewöhnlich das Essen hinauftragen. Doch wenn der Herr hin will, so stimmt der Tag nicht. Sie ist gerade auf dem Lande.«

»Wer sagte es Ihnen?« fragte Eugène.

»Bei Gott, mein Herr! Die Hausmeisterin. Fräulein Rougette liebt wohl, gut zu speisen, aber nicht sehr das Zahlen. Sie bestellt eher gebratene Hühner und Hummern als gar nichts; doch will man sein Geld sehen, muß man mehr als einmal dort hinaufgehen! So wissen wir im Stadtteil Bescheid, ob sie da ist oder ob sie nicht da ist...«

»Sie ist zurückgekommen«, entgegnete Eugène. »Gehen Sie zu ihr hinauf und lassen Sie ihr die mitgebrachten Speisen da; wenn sie Ihnen noch etwas schuldet, so verlangen Sie es heute nicht von ihr. Das ist meine Sache, und ich komme wieder. Sollte sie wissen wollen, wer ihr das schickt, so antworten Sie ihr: der Baron von ***.«

Mit diesen Worten entfernte sich Eugène. Unterwegs brachte er, so gut er konnte, das Siegel in Ordnung und trug den Brief zur Post. – Nach alledem, meinte er, wird Rougette nichts verweigern; und wenn sie die Antwort auf ihren Brief ein wenig zu prompt findet, so mag sie sich darüber mit ihrem Baron auseinandersetzen.

VI

Die Studenten sind ebensowenig wie die Grisetten jeden Tag bei Kasse. Eugène begriff sehr wohl, daß er den Louisdor, den Rougette verlangte, seiner Sendung hätte zulegen müssen, sollte das Märchen des Kellners einen Schimmer von Wahrscheinlichkeit haben; das aber war die Schwierigkeit. Louisdors sind nicht gerade das Kursgeld der Rue Saint-Jacques. Zum andern hatte sich Eugène verpflichtet, Rougettes Schulden im Lokal zu bezahlen, und das Unglück wollte es, daß im Augenblick seine Schublade nicht weniger leer war als seine Tasche. Deshalb schritt er ohne Säumen auf den Panthéon-Platz zu.

An dem Platz wohnte zu jener Zeit noch der berühmte Barbier, der Bankrott gemacht und sich ruiniert hat, indem er die andern zugrunde richtete. Zu ihm, in seinen Hinterladen, wo er insgeheim kleine und große Wuchergeschäfte trieb, kam tagtäglich der kleine Student, arm, sorglos, verliebt vielleicht, und borgte sich auf ungeheuerliche Zinsen ein paar Goldstücke, die er des Abends lustig ausgab und am nächsten Tag gar teuer bezahlen mußte. Zu ihm schlüpfte verstohlen die Grisette, den Kopf gesenkt und Scham in den Augen, lieh sich für eine Landpartie einen abgetragenen Hut, einen aufgefärbten Schal, ein im Versatzamt erstandenes Hemd. Zu ihm gingen junge Leute aus gutem Hause, die fünfundzwanzig Louisdors brauchten, und unterschrieben Wechsel über zwei- oder dreitausend Franken.

Minderjährige verzehrten im voraus ihr Vermögen. Bruder Leichtfuß ruinierte seine Familie und brachte sich um seine Zukunft. Von der vornehmen Kurtisane, der ein Armband den Kopf verdreht, bis zum bedürftigen Schreiberlein, das es nach einem Schmöker oder nach einer Portion Linsen gelüstet, strömte alles herbei wie zu den Quellen des Paktolus, und der wucherische Barbier, der stolz mit seiner Kundschaft und seinen Zahlungsbefehlen prahlte, unterhielt das Gefängnis von Clichy, nicht ohne die Erwartung, daß er selbst einmal hineinspazieren würde.

Solchermaßen traurig war die Hilfsquelle, der sich Eugène widerwillig zuwandte, um Rougette zu unterstützen oder um wenigstens dazu in der Lage zu sein; denn es schien ihm noch gar nicht bewiesen, daß die Bittschrift an den Baron die gewünschte Wirkung haben würde. Für einen Studenten war es wahrhaftig ein seltenes Maß von Mitleid, sich so für eine Unbekannte zu sorgen; doch Eugène glaubte an Gott: Jede gute Tat dünkte ihn Notwendigkeit.

Als er in den Laden trat, gehörte das erste Gesicht, das er bemerkte, seinem Freunde Marcel, der vor einem Spiegel saß und mit einem Tuch um den Hals so tat, als ob er sich schön machen ließ. Der arme Kerl wollte vielleicht Geld aufnehmen, um das Abendessen von gestern begleichen zu können; er schien stark nachdenklich und runzelte wenig zufrieden die Stirn, während der Friseur, seinerseits sich verstellend, mit einem vollständig kalten Eisen durch Marcels Haare fuhr und dabei leise in seinem gaskognischen Dialekt auf ihn einsprach. Vor einem anderen Spiegel in einem kleinen Nebenzimmer saß, gleicherweise mit einem Handtuch umhüllt, ein Fremder, der unruhig fortwährend nach rechts und links guckte; durch die halboffene Tür zum Hinterzimmer bemerkte man in einem alten Stehspiegel die einigermaßen magere Silhouette eines jungen Mädchens, das mit Hilfe der Friseursfrau ein schottisch kariertes Kleid anprobierte.

»Was machst du hier zu dieser Stunde?« rief Marcel, und sein Gesicht bekam wieder den alten fröhlichen Ausdruck, als er den Freund erkannte.

Eugène setzte sich neben den Spiegeltisch und erzählte mit wenigen Worten von der Begegnung, die er gehabt hatte, und von der Absicht, die ihn herführte.

»Meiner Treu«, sagte Marcel, »du bist recht mildherzig. Zu was mischst du dich da hinein, wo es doch einen Baron gibt? Du hast ein interessantes junges Mädchen gesehen, das notwendig etwas essen mußte; du hast ihr ein kaltes Huhn bezahlt; das ist deiner würdig, und darüber gibt es nichts zu reden. Du verlangst von ihr keinerlei

Dankbarkeit, das Inkognito gefällt dir; das ist heroisch. Doch noch weiter zu gehen, das klingt nach Rittertum. Seine Uhr oder seine Unterschrift für eine Näherin hinzugeben, die ein Baron protegiert und die zu frequentieren man nicht die Ehre hat, das geschieht seit Menschengedenken nur in den Romanen der ›Blauen Bibliothek‹.«

»Lach mich aus, wenn du willst«, antwortete Eugène. »Ich weiß, daß es in der Welt noch viel mehr Unglückliche gibt, denen ich nicht helfen kann. Die ich nicht kenne, beklage ich. Doch sehe ich einen von ihnen, so muß ich ihm helfen. Was ich auch tue, es ist mir unmöglich, vor dem Jammer gleichgültig zu bleiben. Mein Mitleid kann die Armen nicht suchen gehen, dazu bin ich nicht reich genug; doch wenn ich sie finde, gebe ich.«

»In diesem Fall hast du recht viel zu tun«, meinte Marcel; »unser Land hat an ihnen keinen Mangel.«

»Trotzdem!« sprach Eugène, noch ganz bewegt von dem Drama, dessen Zeuge er geworden war; »soll man lieber die Menschen sterben lassen und seines Weges gehen? Die Unglückliche sei ein leichter Vogel, sei unbesonnen, töricht, alles, was du willst; vielleicht verdient sie nicht das Mitleid, das sie erweckt; aber ich fühle es, das Mitleid. Soll man lieber wie jene guten Freundinnen handeln, die sich schon nicht mehr um sie zu kümmern scheinen, als ob sie bereits gestorben wäre, die aber gestern noch mithalfen, sie unglücklich zu machen? Von wem kann sie Hilfe erwarten? Von einem Fremden, der sich mit ihrem Brief eine Zigarre anzünden wird, oder von Fräulein Pinson, die – wie ich vermute – in der Stadt soupieren und aus Herzenslust tanzen wird, während die Gefährtin Hungers stirbt? Ganz aufrichtig, mein lieber Marcel, ich versichere dir, dies alles jagt mir Schauer ein. Diese leichtsinnige Kleine von gestern abend mit ihrem Lied und ihren faulen Witzen, die bei dir lacht und schwatzt, dieweil die andere, die Heldin ihrer Geschichte,

Henri de Toulouse-Lautrec, *Beim Anziehen*, 1894.
Foto: AKG, Berlin/Erich Lessing.

in einem Speicher verendet, – bei Gott, sie verursacht mir Übelkeit. In solcher Freundschaft zu leben, wie Schwestern fast, die Tage und die Wochen hindurch, Theater, Bälle, Cafés zu besuchen und am nächsten Tag nicht zu wissen, ob die eine tot ist und die andere am Leben, das ist schlimmer als die Gleichgültigkeit der Egoisten, das ist die Gefühllosigkeit des Tieres. Dein Fräulein Pinson ist ein Scheusal, und ich kenne nichts Verächtlicheres als deine Grisetten, die du rühmst, ihre schamlosen Sitten und ihre Freundschaften ohne Seele!«

Der Barbier hatte diesen Reden still zugehört und unentwegt sein kaltes Eisen auf Marcels Kopf spazierengeführt; als Eugène schwieg, lächelte er boshaft. Er konnte schwatzhaft sein wie eine Elster oder richtiger: wie ein Friseur, der er war, wenn es um Klatsch ging; er wußte lakonisch zu schweigen wie ein Spartaner, sobald seine Geschäfte im Spiele waren, und hatte die kluge Gewohnheit angenommen, zuerst stets seine Kunden sprechen zu lassen, bevor er sich in die Unterhaltung einmischte. Die Empörung jedoch, die Eugène mit so verletztenden Worten ausdrückte, hießen ihn das Schweigen brechen.

»Sie sind streng, mein Herr«, sagte er lachend und in gaskognischem Tonfall. »Ich habe die Ehre, Fräulein Pinson zu frisieren, und glaube, daß sie eine ganz ausgezeichnete Person ist.«

»Jawohl«, meinte Eugène, »in der Tat ausgezeichnet, wenn es sich um Trinken und Rauchen handelt.«

»Möglich«, erwiderte der Barbier, »ich sage nicht nein. Ja, das junge Blut, das lacht, das singt, das raucht; doch es gibt schon welche, die auch Herz haben.«

»Worauf wollen Sie denn hinaus, Vater Cadédis?« fragte Marcel. »Nicht soviel Diplomatie; nur gerade heraus.«

»Ich will sagen«, antwortete der Barbier und wies auf das Hinterzimmer, »daß dort hinten an einem Haken ein schwarzes Seidenkleidchen hängt, das die Herren ohne

Zweifel kennen, wenn ihnen die Besitzerin bekannt ist; denn die hat nicht eine so umfangreiche Garderobe. Fräulein Pinson schickte mir das Kleid in aller Herrgottsfrühe; und ich mutmaße, daß sie darum nicht der kleinen Rougette geholfen hat, weil sie selber nicht im Golde wühlt.«

»Das ist doch merkwürdig«, sagte Marcel; er erhob sich und trat in das Hinterzimmer, ohne für die arme Frau in den schottischen Karos einen Blick übrig zu haben. »Das Mimilied hat also wohl gelogen, da man das Kleidchen doch versetzen kann? Doch zum Teufel, wie will sie jetzt Besuche machen? Geht sie etwa heute nicht aus?«

Eugène war seinem Freunde gefolgt.

Der Barbier hatte sie nicht getäuscht: In einer staubigen Ecke hing mitten unter allerhand Lumpen bescheiden und traurig Mimi Pinsons einziges Kleid.

»Das ist es«, sagte Marcel; »ich erkenne es und habe es einmal vor achtzehn Monaten ganz neu gesehen. Es ist der Morgenrock, das Reitkostüm und das Paradekleid von Fräulein Mimi. Es muß hier am linken Ärmel einen kleinen Fleck haben, so groß wie ein Fünfsousstück, der vom Champagner herrührt. Und wieviel haben Sie darauf geliehen, Vater Cadédis; denn ich vermute, daß es nicht verkauft ist und sich in diesem Zimmer nur als Pfand befindet.«

»Ich lieh vier Franken«, entgegnete der Barbier; »und ich versichere Sie, mein Herr, nur aus reinem Mitleid. Jeder anderen hätte ich nicht mehr als vierzig Sous vorgestreckt; denn das Stück ist verteufelt abgenutzt, man sieht hindurch wie bei einer Laterna magica. Aber ich weiß, daß Fräulein Pinson mich bezahlen wird; sie ist die vier Franken wert.«

»Arme Mimi!« rief Marcel. »Ich verwette augenblicklich meine Mütze, daß sie die kleine Summe nur geborgt hat, um sie Rougette zu schicken.«

»Oder um irgendwelche Läpperschulden zu begleichen«, meinte Eugène.

»Nein«, sagte Marcel, »ich kenne Mimi; ich glaube nicht, daß sie sich für einen Gläubiger auszieht.«

»Sehr richtig«, sprach der Barbier. »Ich kannte Fräulein Pinson in einer bessern Lage als der, in der sie sich augenblicklich befindet; sie hatte da viele Schulden. Man kam täglich zu ihr, nahm all ihre Habe und zum Schluß wahrhaftig alle Möbel, nur das Bett nicht, denn die Herren wissen ohne Zweifel, daß man nicht das Bett des Schuldners nehmen darf. Nun, Fräulein Mimi hatte zu dieser Zeit vier recht anständige Kleider. Sie trug alle vier übereinander und schlief mit ihnen, damit man sie nicht nehmen konnte; deshalb würde es mich überraschen, wenn sie heute nur ein einziges Kleid hat und es verpfändet, um irgend jemanden zu bezahlen.«

»Arme Mimi!« wiederholte Marcel. »Doch in Wahrheit, wie bekommt sie das fertig? Sollte sie doch ihre Freunde getäuscht haben und noch ein Gewand besitzen, das niemand kennt? Vielleicht ist sie krank, weil sie zuviel Kuchen gegessen hat; und wenn sie zu Bett liegt, braucht sie sich wahrhaftig nicht anzuziehen. Wie dem auch sei, Vater Cadédis, das Kleid peinigt mich mit seinen herabhängenden Ärmeln, die wie um Erbarmen flehen; bitte, rechnen Sie mir vier Franken zu den fünfunddreißig Livres hinzu, die Sie mir geborgt haben, und schlagen Sie das Kleid in ein Tuch, daß ich es dem Kinde bringe. Nun, Eugène«, fuhr er fort, »was sagt dazu deine christliche Nächstenliebe?«

»Daß du so zu sprechen und zu handeln recht tatest«, erwiderte Eugène, »doch daß ich vielleicht nicht unrecht habe; ich wage eine Wette, wenn du willst.«

»Topp«, sagte Marcel, »wetten wir eine Zigarre wie die Mitglieder des Jockeyklubs. Ohnehin hast du hier nichts mehr zu tun. Ich habe einunddreißig Franken, wir sind

Henri de Toulouse-Lautrec, *Moulin de la Galette,* 1889.
Foto: AKG, Berlin.

reiche Leute. Gehen wir also gleich zu Fräulein Pinson; ich bin neugierig, sie zu sehen.«

Er nahm das Kleid unter den Arm, und alle beide verließen sie den Laden.

VII

»Das Fräulein ist zur Messe gegangen«, beschied die Hausmeisterin die beiden Studenten, als sie zum Hause Fräulein Pinsons kamen.

»Zur Messe!« staunte Eugène.

»Zur Messe!« wiederholte Marcel. »Das ist ja unmöglich, sie kann ja gar nicht aus sein. Lassen sie uns nur hinein; wir sind alte Freunde.«

»Ich versichere Ihnen, mein Herr«, entgegnete die Hausmeisterin, »daß sie weg ist, um die Messe zu besuchen; es mögen dreiviertel Stunden her sein.«

»Und in welche Kirche ist sie gegangen?«

»In die Saint-Sulpice-Kirche, wie gewöhnlich; sie fehlt keinen Morgen.«

»Ja, ja, ich weiß, daß sie zum lieben Gott betet; doch es scheint mir verwunderlich, daß sie gerade heute außer Haus ist.«

»Da kommt sie ja in höchsteigener Person, mein Herr; sie biegt um die Ecke; jetzt sehen Sie sie selbst.«

Es war in der Tat Fräulein Pinson, die von der Kirche heimkehrte. Marcel hatte sie noch kaum bemerkt, als er auch schon ungeduldig auf sie zulief, um ihre Bekleidung aus möglichster Nähe zu betrachten. Sie trug anstatt eines Kleides einen Unterrock aus dunklem Kattun, der sich halb unter einem Vorhang aus grünem Seidenstoff verbarg, aus dem sie sich – so gut es eben ging – einen Schal gemacht hatte. Aus dieser einzigartigen Kostümierung, die im übrigen aber ihrer dunklen Farbe wegen keinem Blicke auffiel, hob sich das graziöse Köpfchen im

Schmucke des weißen Häubchens, und die kleinen Füße staken in Schnürstiefeln. Sie hatte sich mit soviel Kunstfertigkeit und Sorgfalt in ihren Vorhang gehüllt, daß er wahrhaftig einem alten Schal ähnlich sah und die Borte fast nicht zum Vorschein kam. Kurz, sie vermochte es, selbst in diesem Plunder zu gefallen und wieder einmal zu beweisen, daß eine hübsche Frau immer hübsch ist.

»Wie finden Sie mich?« sagte sie zu den beiden jungen Leuten, indem sie ihren Vorhang ein wenig zur Seite schob und das Mieder sehen ließ, das den schlanken Körper umschloß. »Es ist ein Morgenneglige, das mir eben Palmyre brachte.«

»Sie sind reizend«, sprach Marcel. »Wahrhaftig, ich hätte nie gedacht, daß man mit einer Gardine so hübsch aussehen kann.«

»Wirklich?« meinte Fräulein Pinson; »ich sehe doch ein wenig wie ein Bündel aus.«

»Wie ein Bündel Rosen«, entgegnete Marcel. »Ich fühle fast Bedauern, Ihr Kleid mitgebracht zu haben.«

»Mein Kleid? Wo haben Sie es gefunden?«

»Wahrscheinlich da, wo es war.«

»Und Sie haben es aus der Sklaverei befreit?«

»Mein Gott, ja, ich habe es ausgelöst. Zürnen Sie mir ob dieser Kühnheit?«

»Durchaus nicht, falls ich mich mal revanchieren darf. Ich bin recht froh, mein Kleid wiederzusehen; denn, um die Wahrheit zu sagen, wir beide leben schon eine ganze Zeit zusammen und haben uns aneinander gewöhnt.«

Mit diesen Worten stieg Fräulein Pinson hurtig die fünf Stockwerke hinauf, die zu ihrem Zimmerchen führten; beide Freunde traten mit ihr ein.

»Indessen kann ich Ihnen nur unter einer Bedingung das Kleid zurückgeben«, meinte Marcel.

»Pfui doch!« sagte die Grisette. »Wie albern! Bedingungen! Nichts davon.«

»Ich habe eine Wette abgeschlossen«, sprach Marcel; »Sie müssen uns frei heraus sagen, warum Sie das Kleid versetzten.«

»Lassen Sie es mich zuerst wieder anziehen«, antwortete Fräulein Pinson; »dann werde ich Ihnen mein Warum erzählen. Aber ich sage es Ihnen gleich: Wenn Sie sich nicht in meinem Kleiderschrank oder auf der Dachrinne ergehen wollen, müssen Sie, während ich mich anziehe, das Gesicht verhüllen wie Agamemnon.«

»Daran soll es nicht liegen«, sagte Marcel; »wir sind ehrenhafter als man denkt, und ich werde nicht einen Blick wagen.«

»Warten Sie«, versetzte Fräulein Pinson; »ich bin überaus vertrauensvoll, doch die Weisheit der Völker sagt uns, daß doppelte Vorsicht mehr gilt als einfache.«

Zugleich befreite sie sich von ihrem Vorhang und breitete ihn behutsam über die Köpfe der beiden Freunde, so daß sie nicht im mindesten mehr etwas sehen konnten.

»Rühren Sie sich nicht«, sagte sie zu ihnen; »es dauert nur einen Augenblick.«

»Sehen Sie sich vor«, meinte Marcel. »Wenn auch nur ein kleines Loch im Vorhang ist, stehe ich für nichts. Sie wollten sich nicht mit unserem Wort zufriedengeben, folglich ist es eingelöst.«

»Gott sei Dank, mein Kleid auch«, sagte Fräulein Pinson; »und meine Figur ebenfalls«, fügte sie lachend hinzu und warf den Vorhang zur Erde. »Armes Kleidchen! Es scheint mir ganz neu. Ich freue mich richtig, es um mich zu fühlen!«

»Und Ihr Geheimnis? Werden Sie es uns jetzt sagen? Also, seien Sie aufrichtig, wir sind keine Schwätzer. Wie und warum konnte eine junge Person wie Sie, klug, ordnungsliebend, tugendsam und bescheiden, ihre ganze Garderobe so mit einem Wurf an einen Nagel hängen?«

»Warum?... warum?...«, entgegnete Fräulein Pinson

und schien zu zögern; dann nahm sie jeden der beiden jungen Leute am Arm, schob sie zur Tür und sagte: »Kommen Sie mit mir, Sie werden es sehen.«

Wie Marcel erwartete, führte sie sie in die Rue de l'Éperon.

VIII

Marcel hatte seine Wette gewonnen. Fräulein Pinsons vier Franken und ihr Stück Kuchen lagen auf Rougettes Tisch, zusammen mit den Überresten von Eugènes Hühnchen.

Der armen Kranken ging es ein wenig besser, doch sie hütete noch das Bett; und wie groß auch ihre Dankbarkeit dem unbekannten Wohltäter gegenüber war, sie ließ doch den Herren durch ihre Freundin sagen, daß sie sie zu entschuldigen bitte, daß sie aber nicht imstande sei, sie zu empfangen.

»Wie ich sie darin erkenne!« rief Marcel; »sie würde auf ihrem Strohsack in der Mansarde sterben und immer noch die Herzogin gegenüber ihrem Wassertopf spielen.«

Die beiden Freunde waren also gezwungen, unverrichteter Dinge nach Hause zu gehen, und sie lächelten ein wenig über die stolze Zurückhaltung, die so befremdlich in einer Dachkammer hauste.

Nachdem sie in der Hochschule die medizinischen Vorlesungen des Tages gehört hatten, aßen sie gemeinsam, und als der Abend gekommen war, bummelten sie über den Boulevard des Italiens. Unterwegs sprach Marcel und rauchte dabei die am Morgen gewonnene Zigarre:

»Mußt du mir nicht nach alledem beistimmen, daß ich im Grunde genommen recht habe, diese armen Wesen zu lieben und selbst zu schätzen? Betrachten wir die Geschichte mal von einem rein philosophischen Standpunkt aus. Verrichtete diese kleine Mimi, die du so geschmäht hast, nicht ein lobenswerteres, verdienstvolleres, ich wage zu sagen: viel christlicheres Werk, als sie sich ihres Kleides entledigte, als der gute König Robert, als er den Saum seines Mantels von einem Armen abschneiden ließ? Der gute König Robert hatte einesteils höchstwahrscheinlich viele Mäntel; zum andern saß er zu Tisch – wie die Geschichte sagt –, als sich ein Bettler ihm auf allen Vieren näherte und mit der Schere den Goldsaum vom Mantel seines Königs schnitt. Frau Königin fand die Sache häßlich, der würdige Monarch indes, das ist wahr, verzieh edelmütig dem Bortenabschneider; aber vielleicht hatte er gut diniert. Sieh den Abstand zwischen ihm und Mimi!

Als Mimi von Rougettes Unglück erfuhr, hatte sie sicher nichts im Magen. Sei überzeugt, daß das Stück Kuchen, das sie bei mir einsteckte, zuerst die Bestimmung hatte, ihre eigene Mahlzeit zu vervollständigen. Und was tut sie? Anstatt zu frühstücken, geht sie zur Messe, und auch hierin zeigt sie sich dem König Robert zum mindesten gleich, der sehr fromm war, wie ich zugebe, der aber seine Zeit damit verlor, im Kirchenchor zu singen, dieweil die Normannen teuflisch tobten. Der König Robert gibt den Saum preis, doch, als Endresultat, der Mantel bleibt ihm. Mimi schickt ihr Kleid ganz und gar dem Vater Cadédis, und das ist eine unvergleichliche Tat, weil Mimi Weib ist, jung, hübsch, kokett und arm; und merke wohl: Sie braucht das Kleid, um wie gewöhnlich ins Geschäft zu gehen und das tägliche Brot zu verdienen. Sie beraubt sich nicht nur des Kuchenstückes, das sie verspeisen wollte, sie verzichtet auch gerne auf das Mittagessen. Beachten wir auch, daß Vater Cadédis weit davon entfernt ist, ein Bettler zu sein und auf allen Vieren unter den Tisch zu kriechen. Der König Robert opfert nicht viel, als er seinen Mantelsaum hergibt, weil er ihn ja schon von vornherein abgeschnitten findet; dann wäre es auch wissenswert, ob die Borte schief abgeschnitten war oder nicht, und ob sie noch wieder angenäht werden konnte; Mimi dagegen, die wohl schwerlich erwarten konnte, daß man ihr das Kleid stehle, reißt es sich aus freiem Willen von ihrem kleinen Körper, begibt sich freiwillig ihrer Kleidung, die wertvoller und nützlicher ist als der Flitterkram aller Pariser Bortenwirker zusammengenommen. Sie geht aus mit einem Vorhang als Kleid; doch sei sicher: So würde sie nirgends anders hingehen als in die Kirche. Sie würde sich lieber einen Arm abhacken lassen, als sich so geschmacklos angezogen im Luxembourg oder in den Tuilerien sehen zu lassen; aber sie wagt es, sich so dem lieben Gott zu zeigen, weil es die Stunde ihres täglichen Gebetes ist. Glaube mir, Eugène, die Tat, nur mit ihrer Gardine die Place Saint-Michel, die Rue de Tournon und die Rue du Petit-Lion zu überschreiten, Straßen, wo sie jedermann kennt: In dieser Tat steckt mehr Mut, Demut und wahre Religiosität als in allen Hymnen auf den guten König Robert, von dem doch die ganze Welt spricht, vom großen Bossuet bis zum faden Anquetil; Mimi indes wird unbekannt sterben, in ihrer fünften Etage, zwischen einem Blumentopf und einer Saumarbeit.«

»Um so besser für sie«, meinte Eugène.

»Wenn ich jetzt«, sprach Marcel weiter, »mit meinen Vergleichen fortfahren wollte, könnte ich dir zwischen Mucius Scaevola und Rougette eine Parallele ziehen. Glaubst du wirklich, es wäre einem Römer zu Tarquinius' Zeiten schwerer gefallen, seinen Arm fünf Minuten lang über ein glühendes Kohlenbecken zu halten, als einer Grisette unserer Zeit, vierundzwanzig Stunden ohne Essen zu bleiben? Weder der eine noch die andere gaben einen Laut von sich; doch prüfe, aus welchen Gründen. Mucius ist inmitten eines Kriegslagers, steht einem Etruskerkönig gegenüber, den er hat morden wollen; der Anschlag ist kläglich mißlungen, er ist in den Händen der Häscher. Was denkt er sich aus? Ein Bravourstück. Auf daß sie ihn bewundern, bevor sie ihn hängen, röstet er sich die Faust über einem Feuer (und es gibt keinen Beweis, daß das Becken stark erhitzt war, noch, daß die Faust in Asche zerfiel). Ob dieser Renommiererei stutzt der würdige Porsenna; er verzeiht ihm und schickt ihn nach Hause. Es ist auch fast sicher, daß besagter Porsenna kraft dieser Fähigkeit zu verzeihen eine recht gute Figur machte und daß Scaevola vermutete, er würde sich den Kopf retten, wenn er den Arm ließe. Rougette hingegen erträgt geduldig die schrecklichste und schleichendste der Qualen: den Hunger; und niemand sieht sie an. Sie ist allein in einer öden Bodenkammer, sie hat keinen, der sie bewundert, weder Porsenna, nämlich den Baron, noch die Römer, das sind die Nachbarn, noch die Etrusker, lies: Gläubiger, noch selbst das Kohlenbecken, denn ihr Ofen brennt nicht. Und warum leidet sie, ohne zu klagen? Vorerst aus Eitelkeit; das ist gewiß; doch Mucius ist im selben Zustand; dann aus Seelengröße, und das hier ist ihr Ruhm; denn wenn sie schweigend hinter verriegelter Tür liegt, so tut sie es gerade um ihrer Freunde willen, damit sie von ihrem Sterben nichts wissen und mit ihrem Mut nicht Mitleid haben; um ihrer Kameradin Pinson willen, damit sie, die so gut und hingebend ist, ihr nicht Kleid und Kuchen opfert, so wie sie es getan hat. Mucius wäre an Stelle Rougettes scheinbar still verschieden; doch das wäre an einer Straßenecke geschehen oder am Eingang von Flicoteaux. Sein Schweigen und sein erhabener Hochmut hätten die Umstehenden zartsinnig um ein Glas Wein und ein Stück Brot gebeten. Gewiß, auch Rougette hat den Baron, den ich noch immer mit Porsenna vergleichen will, um einen Louis gebeten. Doch siehst du nicht, daß der Baron augenscheinlich irgendwelche persönlichen

Kaffeehausscherze. Lichtdruck, koloriert, um 1900.
Nach einem Gemälde von René Reinicke. Foto: AKG, Berlin.

Verpflichtungen Rougette gegenüber haben muß? Das springt doch auch dem weniger Scharfsinnigen in die Augen. Wie du übrigens sehr richtig bemerktest, kann es sein, daß der Baron auf dem Lande ist, und dann ist Rougette verloren. Und glaube hier nicht, mir mit der nichtigen Entgegnung, mit der man alle großen Taten der Frauen abtut, antworten zu können: daß sie ja bekanntlich nicht wissen, was sie tun, und daß sie in die Gefahr rennen wie die Katze auf der Dachrinne. Rougette weiß wohl, was der Tod ist; sie hat ihn ganz nahe dem Pont d'Iéna gesehen; denn sie ist schon einmal ins Wasser gegangen, und ich fragte sie, ob sie gelitten habe. Sie sagte mir nein, sie habe nichts gefühlt, den Augenblick ausgenommen, wo man sie wieder herausgefischt habe; die Fischer nämlich hatten sie bei den Beinen gepackt und ihren Kopf am Schiffsrand ›geschubbert‹, wie sie sich ausdrückte.«

»Nun aber genug!« rief Eugène, »verschone mich bitte mit deinen abscheulichen Späßen. Antworte mir ernst: Glaubst du, daß solch schreckliche Prüfungen, die sich so oft wiederholten und immer noch drohen, endlich irgendwelche guten Folgen zeitigen werden? Haben diese armen Mädchen, die auf sich selbst verwiesen sind, ohne Stütze, ohne Rat, genug gesunden Menschenverstand, um von der Erfahrung zu lernen? Gibt es einen Dämon, der sie für alle Zeiten dem Unheil und der Torheit weiht, oder können sie allen Narrheiten zum Trotz wieder zum Guten finden? Da siehst du eine, die zu Gott betet, sagst du; sie geht zur Kirche, sie erfüllt ihre Pflichten, sie lebt von ihrer ehrlichen Arbeit; ihre Gefährtinnen scheinen sie zu achten… und ihr Bösewichter, ihr, gerade ihr behandelt sie mit eurer gewöhnlichen Leichtfertigkeit. Da ist eine andere, die zwischen Übermut und Not, Verschwendung und den Schrecken des Hungers hin- und herpendelt. Gewiß, sie wird sich noch lange Zeit die grausamen Lektionen ins Gedächtnis rufen, die sie empfing. Glaubst du, man könnte mit klugem Rat, einem gesitteten Betragen und ein wenig Unterstützung aus solchen Frauen vernünftige Geschöpfe machen? Wenn dem so ist, sag es mir; hier bietet sich uns eine Gelegenheit. Gehen wir geradewegs zur armen Rougette; sie ist zweifellos noch recht leidend, und die alte Freundin sitzt an ihrem Kopfende. Entmutige mich nicht, laß mich handeln. Ich will versuchen, sie auf den rechten Weg zu führen, mit ihnen aufrichtig zu sprechen; ich werde ihnen nicht mit Predigten kommen und nicht mit Vorwürfen. Ich will an das Bett treten, ihre Hand nehmen und ihnen sagen …«

In diesem Augenblick kamen die beiden Freunde am Café Tortoni vorbei. Die Silhouette zweier junger Frauen, die an einem Fenster Eis aßen, zeichnete sich in dem hellen Licht der Kronleuchter scharf ab. Die eine winkte mit dem Taschentuch, und die andere lachte laut heraus.

»Bei Gott!« sprach Marcel, »wenn du sie sprechen willst, brauchen wir nicht so weit zu gehen; denn, der Herr verzeihe mir, da sind sie ja! Ich erkenne Mimi an ihrem Kleid und Rougette an ihrer weißen Feder, beide immer unterwegs zu naschen. Der Herr Baron scheint alles gutgemacht zu haben.«

IX

»Und eine solche Tollheit entsetzt dich nicht?« fragte Eugène.

»O ja«, antwortete Marcel; »doch bitte, wenn du künftig von den Grisetten schlecht sprichst, mach mit der kleinen Pinson eine Ausnahme. Sie hat uns zum Abendbrot eine Geschichte erzählt, sie hat ihr Kleid für vier Franken versetzt, sie hat sich aus einem Vorhang einen Schal gemacht; und jemand, der sagt, was er weiß, der gibt, was er hat, der tut, was er kann, ist nicht zu mehr verpflichtet.«

FRÉDÉRIC UND BERNERETTE

I

In den letzten Jahren der Restaurationszeit kam ein junger Mann namens Frédéric Hombert von Besançon nach Paris, um Jura zu studieren. Seine Familie war nicht reich und gab ihm nur eine bescheidene Unterstützung. Aber da er mit Ordnung zu leben verstand, kam er auch mit wenigem aus. Er mietete sich im Quartier Latin ein, um dem Kolleg ohne Zeitverlust folgen zu können. Es gefiel ihm, häuslich und zurückgezogen zu leben, und er besuchte kaum die Promenaden, Plätze und Sehenswürdigkeiten, die in Paris von den Fremden bevölkert sind. Die Gesellschaft einiger junger Leute, mit denen er sich bald in der Universität angefreundet hatte, und einige Familien, die ihn auf Empfehlungsbriefe hin empfingen, waren seine einzige Zerstreuung. Mit den Eltern unterhielt er regelmäßigen Briefwechsel und berichtete ihnen treulich über den jeweiligen Ausgang seiner Examina. Nach drei Jahren angestrengter Arbeit war er endlich so weit, daß er seiner Zulassung als Rechtsanwalt entgegensah. Er brauchte nur noch seine Dissertation zu begründen und hatte schon den Zeitpunkt seiner Rückkehr nach Besançon bestimmt, als ihn ein unvorhergesehenes Ereignis um die Ruhe brachte.

Er wohnte im dritten Stock eines Hauses der Rue de la Harpe und hatte auf dem Fensterbrett Blumen, die er sorglich versah. Als er sie eines Morgens begoß, bemerkte er an dem Fenster gegenüber ein junges Mädchen, das ihm zulächelte. Sie sah ihn so fröhlich und offenherzig an, daß er sich nicht versagen konnte, ihr zuzunicken. Sie dankte mit einem anmutigen Gruß. Von diesem Augenblick an wünschten sie sich alle Morgen guten Tag von einem Haus zum andern. Eines Tages stand Frédéric früher auf als gewöhnlich, grüßte die Nachbarin und nahm ein Blatt Papier, das er in die Form eines Briefes faltete und ihr hinüberzeigte, wie um sie zu fragen, ob er ihr schreiben dürfe. Doch sie schüttelte abweisend den Kopf und zog sich ärgerlich zurück.

Am folgenden Tag wollte es der Zufall, daß sie sich auf der Straße begegneten. Das Fräulein betrat ihr Haus, von einem jungen Mann begleitet, den Frédéric nicht kannte und den unter den Studenten jemals gesehen zu haben er sich nicht erinnerte. Obgleich sie einen Hut trug, schloß er aus Kleidung und Frisur, daß sie das war, was man in Paris eine Grisette nannte. Der Kavalier konnte seinem Alter nach nur Bruder oder Liebhaber sein. Liebhaber eher als Bruder. Auf jeden Fall wollte Frédéric das Abenteuer vergessen. Der erste Frost war gekommen. Frédéric nahm die Blumen vom Fensterbrett. Doch wider seinen Willen schaute er von Zeit zu Zeit hinüber. Er schob seinen Arbeitstisch ans Fenster und ordnete die Vorhänge, so, daß er, ohne bemerkt zu werden, beobachten konnte.

Die Nachbarin zeigte sich des Morgens nicht mehr. Sie erschien zuweilen abends gegen fünf Uhr, um die Vorhänge zu schließen und die Lampe anzuzünden. Frédéric war eines Tages keck genug, ihr eine Kußhand hinüberzuwerfen. Er erstaunte, daß sie sie nicht weniger freundlich als damals den ersten Gruß zurücksandte. Wieder nahm er das Stück Papier, das zusammengefaltet auf dem Tisch liegengeblieben war, und setzte ihr mit möglichst deutlichen Gesten auseinander, daß er ihr schreiben wolle oder von ihr einen Brief erbitte. Aber die Antwort war nicht günstiger als das erstemal. Die Grisette schüttelte wieder den Kopf. So ging es acht Tage hindurch. Die Küsse waren willkommen, doch der Brief wurde verweigert.

Nach einer Woche zerriß Frédéric, ärgerlich über die ständige Abweisung, das Papier vor ihren Augen. Zuerst lachte sie, dann blieb sie eine Zeitlang unschlüssig und zog schließlich aus ihrer Schürzentasche ein Briefchen, das sie ihrerseits dem Studenten zeigte. Er schüttelte keinesfalls mit dem Kopf. Und da er es nicht sagen konnte, schrieb er mit mächtigen Lettern auf ein großes Blatt Zeichenpapier die Worte: »Ich bete Sie an!« Das Blatt stellte er auf einen Stuhl und plazierte links und rechts je eine brennende Kerze. Die hübsche Grisette konnte so, mit einem Opernglas bewaffnet, seine erste Liebeserklärung lesen. Sie antwortete mit einem Lächeln und lud ihn durch Zeichen ein, herunterzukommen und das gezeigte Billett zu holen.

Das Wetter war trübe, und dichter Nebel lag auf den Straßen. Der junge Mann rannte die Treppen hinunter; überquerte die Straße und trat in das andere Haus. Die Tür war offen, und das Fräulein wartete am Fuß der Treppe. Frédéric umarmte sie und war schneller bereit, sie zu küssen, als mit ihr zu sprechen. Ganz verwirrt flüchtete sie von ihm fort.

»Was haben Sie mir geschrieben?« fragte er; »wie und wann kann ich Sie wiedersehen?«

Sie blieb stehen, kam zurück und ließ das Billett in seine Hand gleiten.

»Hier«, sagte sie, »und kommen Sie nicht wieder so spät nach Hause.«

Er war in der Tat, seinen Prinzipien zum Trotz, ein paar Nächte nicht nach Hause gekommen, und sie hatte es bemerkt.

Wenn zwei Liebende sich einig sind, gibt es für sie kaum mehr Hindernisse. Der Brief legte Frédéric die größte Vorsicht nahe, sprach von drohenden Gefahren und fragte, wohin man gehen müsse, um sich zu sehen. In seiner Wohnung könne es nicht sein. Er müßte ein Zimmerchen in der Nähe suchen. Das Quartier Latin hatte indes daran keinen Mangel. Das erste Rendezvous war festgesetzt, als er diesen Brief bekam:

»Sie sagten mir, daß Sie mich anbeten, aber nicht, daß Sie mich hübsch finden. Sie haben mich nur flüchtig gesehen und müssen, um mich lieben zu können, mich genauer anschauen. Ich werde mit meinem Mädchen ausgehen; verlassen auch Sie das Haus und begegnen Sie mir auf der Straße. Sie reden mich wie eine Bekannte an, sprechen mit mir ein paar Worte und betrachten mich dabei. Wenn Sie mich nicht hübsch finden, sagen Sie es mir ruhig. Ich werde mich nicht ärgern. So ist es ganz einfach. Und außerdem bin ich nicht nachtragend.

Tausend Küsse

Bernerette.«

Frédéric gehorchte. Das Resultat war wohl kaum zweifelhaft. Bernerette hatte sich mit raffinierter Koketterie ganz schlicht angezogen, die Haare unter den Hut zurückgestrichen und sich nicht im geringsten herausgeputzt. Er begrüßte sie respektvoll, beteuerte, daß er sie so schön finde wie noch nie und kam, über seine neue Eroberung begeistert, heim. Doch am folgenden Tag, als er sie wiedersah, dünkte sie ihn noch schöner, und zwar so, daß sie nicht nur allen Schmuckes entraten konnte, sondern jedes auch noch so nachlässigen Kleidungsstücks.

II

Frédéric und Bernerette gaben sich ihrer Liebe hin, bevor sie noch kaum miteinander sprachen. Schon nach den ersten Worten duzten sie sich. Einer in des andern Arm saßen sie vor dem Kamin, in dem ein lustiges Feuer prasselte. Sie schmiegte ihre Wangen, die lustvoll glühten, an die seinen und erzählte ihm ihre Geschichte. Sie hatte in der Provinz Theater gespielt, hieß Louise Durand und nannte sich Bernerette. Seit zwei Jahren lebte sie mit einem jungen Mann, den sie nicht mehr mochte. Um jeden Preis wollte sie von ihm los und ihr Leben ändern:

Edgar Degas, *Frau in einem Café.*
Foto: AKG, Berlin/Erich Lessing.

entweder zum Theater zurück, wenn sie irgendeine Protektion finden würde, oder in einen andern Beruf. Im übrigen äußerte sie sich über ihre Familie ebensowenig wie über ihre Vergangenheit. Sie wollte nur die Fesseln abstreifen, die ihr unerträglich waren. Frédéric mochte sie nicht täuschen und gestand ihr treulich seine eigene Lage. Er sei weder reich noch welterfahren und könne ihr nur sehr schwache Hilfe bieten. »Ich kann dir nicht sehr nützlich sein«, fügte er hinzu, »und möchte auf keinen Fall die Ursache werden, daß du mit dem andern brichst. Und da ich es nicht ertragen kann, dich mit jemandem zu teilen, werde ich, so leid es mir tut, fortgehen und in meinem Herzen das Gedenken einer schönen Stunde wahren.«

Seine Worte kamen ihr unerwartet, und sie weinte. »Warum willst du fort von mir?« sprach sie. »Wenn ich mit meinem Liebhaber brechen will, so bist du nicht der Grund, weil ich es ja schon lange beabsichtige. Wenn ich in ein Wäschegeschäft ginge und eine Lehre machte, würdest du mich dann nicht mehr lieben? Gewiß ist es ärgerlich, daß du nicht reich bist. Aber was willst du machen? Es geht eben, wie es geht.«

Frédéric wollte antworten, aber ein Kuß verschloß ihm den Mund. »Wir wollen nicht mehr davon sprechen und nicht mehr daran denken«, sagte sie. »Wenn du mich magst, gib mir ein Zeichen durchs Fenster, und um das übrige mach dir keine Sorge; denn es geht dich nichts an.«

In den nächsten sechs Wochen arbeitete Frédéric kaum. Die angefangene Dissertation blieb auf dem Tisch liegen; von Zeit zu Zeit kam eine Zeile hinzu. Hatte er Lust, sich zu zerstreuen, so brauchte er nur das Fenster zu öffnen. Bernerette war stets für ihn da. Und fragte er sie, wie sie zu so viel Freiheit komme, so antwortete sie ihm immer, daß es ihn nichts angehe. Die wenigen Ersparnisse, die er in der Schublade hatte, waren nur zu rasch verausgabt. Als vierzehn Tage herum waren, mußte er einen Freund angehen, um mit der Geliebten zu Abend essen zu können.

Als dieser Freund, der Gérard hieß, Frédérics neue Lebensweise merkte, nahm er ihn beiseite:

»Sieh dich vor«, sprach er zu ihm, »du bist verliebt. Deine Grisette hat nichts, und du hast nicht viel. Ich würde an deiner Stelle einer Provinzschauspielerin nicht trauen. Solche Leidenschaften führen weiter, als du glaubst.«

Frédéric entgegnete lachend, es handle sich gar nicht um eine Leidenschaft, es sei nur eine flüchtige Liebelei. Er erzählte Gérard, wie er durch das Fenster ihre Bekanntschaft gemacht hatte. »Das ist ein Mädchen, das nur ans Lachen denkt. Es ist wirklich keine Gefahr mit ihr, und nichts ist weniger ernst als unsere Verbindung.«

Gérard gab sich zufrieden und hielt ihn nur zur Arbeit an. Frédéric versicherte, seine Dissertation sei sehr bald fertig. Und um nicht zu lügen, arbeitete er wirklich ein paar Stunden. Am Abend aber erwartete ihn Bernerette. Dann gingen sie zusammen zur Chaumière, und die Arbeit war vergessen.

Die Chaumière ist das Tivoli des Quartier Latin und der Treffpunkt der Studenten und Grisetten. Es ist nicht gerade ein Ort der guten Gesellschaft, aber man ist fröhlich dort. Man trinkt Bier, man tanzt, man ist frei, lustig, angeregt und oft ein wenig geräuschvoll. Die Modedamen tragen runde Hüte und die Stutzer Samtwesten. Man raucht, trinkt und schlürft in vollen Zügen Liebe. Würde die Polizei den registrierten Liebedienerinnen den Eintritt zum Garten verbieten, so fände man dort vielleicht noch das alte freie und fröhliche Pariser Studentenleben, dessen Traditionen mit jedem Tag mehr verblassen …

Frédéric war aus der Provinz und nicht der Mann, an

die Leute dort große Anforderungen zu stellen. Bernerette wollte sich nur vergnügen und machte ihn nicht auf sie aufmerksam. Man muß schon eine gewisse Welterfahrung haben, um zu wissen, wo man sich amüsieren darf. Darüber dachte unser glückliches Paar kaum nach. War der Abend durchtanzt, so gingen sie müde und zufrieden heim. Frédéric war noch so Neuling, daß ihm sein erster Jugendrausch wie das Glück selbst erschien. Wenn er mit Bernerette am Arm über den Boulevard Neuf spazierte, meinte er, es gäbe nichts Schöneres, als so in den Tag hinein zu leben. Wohl fragten sich beide hin und wieder nach ihren Pflichten und Arbeiten, aber weder sie noch er gaben darauf eine klare Antwort. Das möblierte Zimmerchen nahe am Luxembourg war für zwei Monate bezahlt und alles andere Nebensache. Wenn sie sich dort trafen, hatte Bernerette wohl eine eingewickelte Pastete bei sich und Frédéric eine Flasche guten Wein. Dann tafelten sie; sie sang zum Dessert Lieder aus den Vaudevilles, in denen sie mitgespielt hatte, und wenn sie den Text vergaß, improvisierte er Verse zu ihrer Huldigung. Wußte er keinen Reim, dann bekam sie einen Kuß. So ging die Nacht hin, und keiner sorgte sich um die Zeit, die verrann.

»Du tust gar nichts mehr«, sagte Gérard, »und deine Liebelei wird länger dauern als eine große Leidenschaft. Nimm dich in acht, du gibst Geld aus und kümmerst dich nicht darum, neues zu verdienen.«

»Beruhige dich«, erwiderte Frédéric, »meine Dissertation geht vorwärts, und Bernerette will in ein Wäschegeschäft in die Lehre gehen. Laß mich in Frieden den Augenblick eines Glückes auskosten, und mach dir um meine Zukunft keine Sorgen.«

Der Termin kam, da er seine Arbeit drucken lassen mußte. Sie wurde hastig vollendet und trotzdem nicht schlecht. Frédéric bekam seine Zulassung und schickte nach Besançon mehrere Exemplare der Dissertation und sein Diplom. Auf die frohe Kunde antwortete sein Vater mit einer Summe, die um vieles stattlicher war, als er für die Heimkehr brauchte. Der väterliche Stolz kam also ganz unbewußt seiner Liebe zu Hilfe. Frédéric konnte dem Freund das geliehene Geld wiedergeben und ihm beweisen, wie unnötig seine Ermahnungen gewesen waren. Er wollte Bernerette ein Geschenk machen; sie aber lehnte ab.

»Gehen wir lieber zu Abend essen«, meinte sie. »Ich will von dir nur dich.«

Ihre heitere Art machte es leicht, ihr auch den geringsten Kummer anzusehen. Er sah sie eines Tages traurig und fragte sie nach dem Grund. Erst zögerte sie, dann zog sie einen Brief aus der Tasche.

»Das ist ein anonymer Brief«, sagte sie. »Der Mann, mit dem ich zusammen wohne, hat ihn gestern erhalten. Er gab ihn mir und sagte, er gebe nichts auf solcherlei Anklagen ohne Absender. Wer mag das geschrieben haben? Ich weiß es nicht. Die Orthographie ist genauso schlecht wie der Stil. Aber darum ist er nicht weniger gefährlich für mich. Man verleumdet mich wie ein gefallenes Mädchen und gibt sogar genau Tag und Stunde unseres letzten Beisammenseins an. Es muß jemand aus dem Hause sein, eine Hausmeisterin oder ein Zimmermädchen. Ich weiß nicht, was ich tun soll und wie ich mich gegen die drohende Gefahr schütze.«

»Welche Gefahr?« fragte er.

»Ich glaube«, entgegnete sie lachend, »es handelt sich um nichts weniger als um mein Leben. Ich habe es mit einem empfindlichen und heftigen Mann zu tun. Weiß er einmal, daß ich ihn betrüge, dann ist er sehr wohl fähig, mich zu töten.«

Frédéric las vergeblich den Brief immer wieder durch und prüfte ihn auf hunderterlei Art. Er konnte die Schrift nicht erkennen. Unruhig kehrte er heim und beschloß, sie ein paar Tage lang nicht zu sehen. Bald aber bekam er von ihr einen Brief.

»Er weiß alles. Ich weiß nicht, wer geschwatzt hat. Ich glaube, die Hausmeisterin. Er wird zu dir kommen. Er will sich mit dir schlagen. Ich habe nicht die Kraft, dir mehr zu schreiben. Ich bin mehr tot als lebendig.«

Frédéric blieb den ganzen Tag über auf seinem Zimmer. Er erwartete den Gegner oder zum mindesten eine Forderung. Er staunte, daß weder er noch sonst etwas eintraf. Ebensowenig am nächsten Tag und während der ganzen folgenden Woche. Endlich erfuhr er, daß Herr von N., Bernerettes Freund, mit ihr eine Auseinandersetzung gehabt hatte, nach der sie das Haus verlassen und sich zu ihrer Mutter geflüchtet hatte. Vereinsamt und untröstlich über den Verlust der Heißgeliebten, war der junge Mensch eines Morgens weggegangen und nicht mehr zurückgekommen. Als er nach vier Tagen noch nicht zu Hause war, hatte man die Wohnungstür geöffnet und auf dem Tisch einen Brief gefunden, der sein trauriges Ende ankündigte. Erst eine Woche später fand man die Überreste des Unglücklichen im Wald von Meudon.

III

Die Nachricht von dem Selbstmord machte auf Frédéric tiefen Eindruck. Er hatte den jungen Menschen nicht gekannt und niemals mit ihm ein Wort gewechselt; er wußte nur seinen Namen, der einer vornehmen Familie angehörte. Er sah die Eltern und Brüder in Trauer kommen und erfuhr die tristen Details der Nachforschungen, die man hatte anstellen müssen, um den Toten zu finden. Die Zimmer wurden versiegelt und die Möbel bald abgeholt. Das Fenster, an dem Bernerette gearbeitet hatte, blieb offen und zeigte die Wände einer verödeten Wohnung.

Gewissensqualen hat nur der Schuldige. Frédéric wußte keinen ernsten Vorwurf gegen sich. Er hatte niemanden betrogen und kaum recht gewußt, wie die Dinge zwischen der Grisette und ihrem Freund standen. Aber es schauderte ihn, als er sah, daß er unfreiwillig zum Werkzeug eines grausamen Geschicks wurde. »Warum hat er mich nicht aufgesucht! Warum hat er die Waffe, die er gegen sich wandte, nicht mit mir gekreuzt! Ich weiß nicht, wie es ausgegangen wäre; aber eine innere Stimme sagt mir, daß ein solches Unglück hätte vermieden werden können. Wenn ich nur gewußt hätte, daß er sie so liebte! Warum war ich nicht Zeuge seines Schmerzes! Wer weiß? Vielleicht wäre ich abgefahren, vielleicht hätte ich ihn überzeugt, geheilt und durch freimütige und freundschaftliche Worte zur Vernunft gebracht. Und in jedem Fall würde er noch leben. Hätte er mir lieber den Arm zerschmettert, als daß er sich das Leben nahm, vielleicht mit meinem Namen auf den Lippen!«

In seinen traurigen Gedanken kam ein Brief von ihr. Sie war krank und hütete das Bett. Herr von N. hatte sie während des letzten Auftritts geschlagen; sie war nicht ungefährlich gestürzt. Frédéric ging, um sie zu sehen; doch er hatte nicht genug Mut. Er würde zum Mörder, dünkte es ihn, behielte er sie als Geliebte. Er entschloß sich wegzufahren, ordnete seine Angelegenheiten, schickte dem armen Mädchen, was er entbehren konnte, und versprach ihr, sie nicht im Elend im Stich zu lassen. Dann reiste er nach Besançon.

Seine Ankunft wurde natürlich von der Familie gefeiert. Man beglückwünschte ihn zum neuen Titel und überhäufte ihn mit Fragen über seinen Pariser Aufenthalt. Der Vater führte ihn stolz zu allen Honoratioren der Stadt. Bald ließ man ihn einen Plan wissen, den man während seiner Abwesenheit ausgeheckt hatte: Man wollte ihn verheiraten und schlug ihm eine junge und hübsche Dame mit ansehnlichem Vermögen vor. Er sagte weder ja noch nein. Seine Seele war zu schwer von Traurigkeit, um über das Geschehene hinwegkommen zu können. Er ließ sich führen, wohin man wollte, antwortete den vielen Fragen nach Möglichkeit und bemühte sich selbst, seiner Zukünftigen den Hof zu machen. Allein er tat es freudlos und fast wider seinen Willen. Nicht, daß ihm Bernerette so teuer gewesen wäre, daß er um ihretwillen eine vorteilhafte Heirat ausgeschlagen hätte; aber die letzten Geschehnisse waren ihm zu tief gegangen, als daß er sie rasch hätte vergessen können. In einer Brust, die an Erinnerung trägt, ist für Hoffnung kein Platz. Die beiden Gefühle schließen in der äußersten Intensität einander aus. Nur wenn sie schwächer, sanfter werden, können sie sich versöhnen und leise einander rufen.

Das junge Mädchen, um das es sich handelte, war ein sehr melancholisches Wesen. Sie hatte für Frédéric weder Neigung noch Widerwillen. Gleich ihm gab sie sich aus Gehorsam zu den Plänen der Eltern her. Und da man sie ungestört miteinander sprechen ließ, merkten sie beide bald die Wahrheit. Sie fühlten, Liebe würde zu ihnen nie kommen, wohl aber Freundschaft. Als die beiden Familien eines Tages einen Ausflug aufs Land machten, bot er ihr auf dem Rückweg den Arm. Sie fragte ihn, ob er nicht in Paris eine Liebe gelassen habe. Er sagte ihr seine Geschichte. Sie fand sie zuerst nichts als vergnüglich und behandelte sie wie eine Bagatelle, zumal er ihr wie von einer ganz unwichtigen Torheit gesprochen hatte. Doch das Ende erschien Fräulein Darcy (so hieß die junge Dame) sehr ernst und sie rief aus: »Großer Gott, wie schrecklich! Ich begreife jetzt, was Sie gelitten haben müssen, und achte Sie nur noch mehr. Sie tragen keine Schuld. Die Zeit wird es heilen. Ihre Eltern dringen nicht weniger auf die Ehe als die meinen. Verlassen Sie sich auf mich. Ich will Ihnen jeden Kummer ersparen und auf jeden Fall die Peinlichkeit einer Weigerung.«

Henri de Toulouse-Lautrec, *Im Moulin de la Galette,* 1892.
Foto: AKG, Berlin.

Dann trennten sie sich. Frédéric ahnte, daß auch Fräulein Darcy ihm etwas anvertrauen wolle. Er irrte sich nicht. Sie liebte einen jungen, vermögenslosen Offizier, der um ihre Hand angehalten hatte und von der Familie abgewiesen worden war. Sie sagte Frédéric freimütig alles, und er versicherte ihr, daß sie ihre Offenheit nicht zu bereuen haben werde. Zwischen beiden entstand ein schweigendes Übereinkommen, den Eltern zu trotzen und doch so zu tun, als fügten sie sich ihren Wünschen. Man sah sie stets zusammen, auf Bällen, im Salon und beim Spaziergang. Den Tag über betrugen sie sich wie zwei Liebende, und wenn sie voneinander gingen, drückten sie sich die Hand und sagten an jedem Abend wieder, daß sie sich niemals heiraten würden.

Solche Situationen sind sehr gefährlich; denn sie sind reizvoll und verführen, weil der Mensch sich ihnen vertrauensvoll ausliefert. Amor ist ein eifersüchtiger Gott, der zürnt, wenn man ihn nicht mehr zu fürchten glaubt. Zuweilen liebt man nur darum, weil man versprochen hat, nicht zu lieben. Nach einiger Zeit hatte Frédéric seine alte Fröhlichkeit wieder. Er sagte sich, es sei nicht seine Schuld, wenn eine kleine Liebesaffäre einen unheilvollen Ausgang gehabt habe. Und jeder andere hätte an seiner Stelle nicht anders gehandelt. Man müsse vergessen, was nicht mehr zu ändern sei. Er fand Vergnügen daran, Fräulein Darcy jeden Tag zu sehen, und sie schien ihm viel schöner als früher. Nicht, daß er sein Betragen ihr gegenüber geändert hätte, aber er tat allmählich in seine Worte und Freundschaftsbeteuerungen nicht mißzuverstehende Wärme. Das Mädchen merkte sie wohl. Ihr weiblicher Instinkt ließ seine Veränderung sehr rasch ahnen. Sie fühlte sich geschmeichelt und fast gerührt. Vielleicht aber war sie standhafter als er, vielleicht auch wollte sie ihr Wort nicht brechen: Kurz, sie entschloß sich, ihm alle Hoffnung zu nehmen und mit ihm Schluß zu machen. Sie wartete auf den Augenblick, da er sich deutlich erklärte. Und das geschah bald.

An einem Abend hatte sich Frédéric lustiger gezeigt als sonst. Während man Tee trank, war sie hinausgegangen und hatte sich in ein kleines rückwärtiges Zimmer gesetzt. Eine gewisse Romantik, die im Wesen vieler Frauen ist, gab ihrem Blick und ihren Worten seltsamen Reiz. Sie fragte sich nicht viel, was sie wolle, und fühlte nur die Möglichkeit, einen heftigen Eindruck hervorzurufen. Sie gab der Versuchung nach, ihre Macht zu nützen, auch wenn sie selbst darunter leiden müßte. Frédéric war ihr gefolgt, sagte einige Worte über die Schwermut, die er an ihr merkte, und fuhr dann fort:

»Mein Fräulein, Sie wissen, der Tag naht, an dem Sie sich irgendwie entscheiden müssen. Haben Sie schon ein Mittel gefunden, um diese Notwendigkeit zu umgehen? Deswegen eben suche ich Sie auf. Mein Vater fragt mich fortwährend, und ich weiß nicht mehr, was ich ihm antworten kann. Was sollte ich gegen unsere Verbindung einwenden, und wie soll ich sagen, ich wolle nichts von Ihnen wissen? Täte ich so, als fände ich Sie zu wenig schön, zu unerzogen und zu geistlos, dann würde mir niemand glauben. Ich müßte also sagen, daß ich eine andere liebe; und je mehr wir zögern, desto mehr müßte ich lügen. Wie sollte es auch anders sein? Kann ich Sie unbeeinflußt jeden Tag sehen? Muß nicht das Bild der Abwesenden vor Ihrem Anblick verblassen? Sagen Sie mir, was ich antworten soll. Sagen Sie mir, was Sie selbst fühlen. Hat sich Ihr Empfinden nicht geändert? Wollen Sie Ihre Jugend sich in Einsamkeit verzehren lassen? Wollen Sie einer Erinnerung treu bleiben, und soll sie Ihnen genug sein? Wenn ich nach mir urteilen darf, so gestehe ich, ich kann es nicht glauben; denn ich fühle, es ist nicht gut, dem eigenen Herz und dem gemeinsamen Schicksal zu widerstehen: Wir sollen vergessen und lieben. Ich werde mein Wort halten, wenn Sie es befehlen. Aber ich muß Ihnen sagen, daß mir das Gehorchen hart sein wird. Sie wissen, Sie sind es jetzt, von der allein unsere Zukunft abhängt. Sprechen Sie!«

»Ich bin nicht überrascht von dem, was Sie mir sagen«, antwortete sie. »So sprechen alle Männer. Für sie bedeutet der Augenblick alles; für eine einzige Höflichkeit opfern sie ihr ganzes Leben. Auch Frauen kennen solche Versuchungen; doch der Unterschied ist, daß sie ihnen zu widerstehen wissen. Ich tat Unrecht, mich Ihnen anzuvertrauen, und ich muß jetzt dafür büßen. Doch sollte Sie meine Weigerung verletzen und mir Ihre Abneigung zuziehen, so lernen Sie dieses eine jetzt von mir, dessen Wahrheit Sie später fühlen werden: Man liebt nur einmal im Leben, wenn man überhaupt zur Liebe fähig ist. Die Unbeständigen lieben nicht, sie spielen mit dem Herzen. Ich weiß, man sagt, für die Ehe genüge Freundschaft. Das ist in gewissen Fällen möglich. Aber wie sollte es bei uns möglich sein, da Sie wissen, daß ich einen anderen liebe. Nehmen wir an, Sie würden heute mein Vertrauen mißbrauchen und mich zur Heirat bestimmen. Was täten Sie aber mit dem Geheimnis, wenn ich Ihre Frau bin? Ist das nicht schon genug, um uns alle beide unglücklich zu machen? Ich will glauben, daß Ihre Pariser Liebelei nichts als Jugendtorheit gewesen ist. Aber denken Sie denn, daß sie mir von Ihnen eine gute Meinung gegeben hat und daß es mir jetzt gleichgültig wäre, in Ihnen Frivolität zu finden? Glauben Sie mir, Frédéric (sie nahm seine Hand), glauben Sie mir, Sie werden eines Tages lieben; und wenn Sie sich an diesem Tage meiner erinnern, dann werden Sie vielleicht ein wenig Achtung für mich haben, die ich zu Ihnen so zu sprechen wage. Dann erst werden Sie wissen, was Liebe ist.«

Mit diesen Worten erhob sie sich und ging. Sie hatte Frédérics Erregung gesehen und die Wirkung Ihrer Worte. Der arme Junge, der traurig zurückblieb, war noch zu unerfahren, um zu merken, daß zu einer solch formellen Erklärung viel Koketterie gehört. Er kannte nicht die seltsamen Gründe, die zuweilen die weiblichen Handlungen leiten. Er wußte nicht, daß eine, die wirklich abweist, einfach nein sagt, und daß die Auseinandersetzende nur besiegt sein will.

Wie dem auch sei, diese Unterredung hatte eine schlimme Wirkung auf ihn. Anstatt sie wieder aufzusuchen und sie zu überzeugen, vermied er an den folgenden Tagen, mit ihr allein zu sein. Zu stolz, als daß es sie reute, ließ sie ihn stumm in der Ferne. Er ging zu seinem Vater und sprach ihm von der Notwendigkeit, mit seinem Amt anzufangen. Über die Heirat äußerte sich Fräulein Darcy zuerst. Sie wagte nicht ganz abzulehnen, aus Furcht, ihre Familie zu erzürnen, aber sie bat um Zeit zur Überlegung und verlangte, daß man sie ein Jahr lang in Ruhe ließe. Frédéric schickte sich an, nach Paris zurückzufahren. Man steigerte seine Bezüge ein wenig. Er verließ Besançon trauriger noch, als er gekommen war. Die Erinnerung an die letzte Unterhaltung mit Fräulein Darcy verfolgte ihn wie ein böses Omen. Während ihn die Eilpost von seiner Heimat wegtrug, sagte er sich immer wieder ganz leise: »Dann erst werden Sie wissen, was Liebe ist.«

IV

Diesesmal mietete er sich nicht mehr im Quartier Latin ein; er hatte im Justizpalast zu tun und nahm daher ein Zimmer nahe beim Quai aux Fleurs. Kaum eingezogen, besuchte ihn sein Freund Gérard. Der hatte, während er fort war, eine beträchtliche Erbschaft gemacht. Durch den Tod eines alten Onkels wurde er ein reicher Mann, hatte Pferd und Wagen, eine geräumige Wohnung in der

Chaussee d'Antin und eine hübsche Geliebte. Er sah viele junge Leute bei sich und spielte mit ihnen den ganzen Tag und zuweilen auch die ganze Nacht. Er besuchte Bälle, Schauspiele, Ausflüge und wandelte sich von dem bescheidenen Studenten zu einem begehrten jungen Herrn.

Frédéric vernachlässigte seine Studien nicht; aber er wurde doch in den Strudel hineingezogen, in dem sein Freund lebte. Bald lernte er die alten Vergnüglichkeiten der Chaumière verachten; denn dort ging die sogenannte *jeunesse dorée* nicht hin. Das ist oft eine gar nicht sehr gute Gesellschaft, aber was tut das? Die Mode befiehlt es, und es ist nun einmal vornehmer, sich bei Musard mit Schurken zu verlustieren als am Boulevard Neuf mit ehrlichen Menschen. Gérard wollte Frédéric überallhin mitnehmen. Der widerstand erst nach Kräften, dann aber ließ er sich überreden. So wurde er mit einer Welt bekannt, die ihm ganz fremd war. Es sah sich neben Schauspielerinnen, Tänzerinnen, und die Nähe dieser Göttinnen mußte auf ihn, den Provinzler, unbedingt einen großen Eindruck machen: Er verkehrte mit Spielern, leichtsinnigen Brüdern und Leuten, die lächelnd von zweihundert Louis letztnächtlichem Verlust erzählten. Er war mit ihnen die Nacht durch zusammen und sah sie, die zwölf Stunden hindurch Wein tranken und Karten mischten, am nächsten Tage wieder, wie sie Toilette machten und sich fragten, welches die Vergnügungen des neuen Tages sein würden. Er wurde zu Soupers eingeladen, wo jeder eine bezahlte Frau zur Seite hatte, mit der er nicht sprach und die er nach Hause mitnahm wie einen Stock oder einen Hut. Er machte alle Unsinnigkeiten und Abwechslungen eines Lebens mit, das leicht war, unbekümmert unter dem Schild der Schwermut und geführt von einigen wenigen Auserwählten, die nur durch den Genuß zu den übrigen Menschen zu gehören scheinen.

Allmählich fand er sich bei ihnen zurecht. Hier verlor

er allen Gram und jede lästige Erinnerung. Und es ist wahr, es ist in diesem Kreis nicht möglich, als einziger sorgenvoll zu sein. Man zerstreue sich oder gehe. Aber Frédéric handelte töricht; denn er verlor nicht nur die Überlegung, sondern auch die Gewohnheit, den besten Lebensrückhalt. Er hatte zum Spielen nicht genug und spielte. Zu seinem Unglück gewann er auch noch am Anfang und konnte dann seinen Gewinn verlieren. Früher ließ er bei einem alten Schneider in Besançon arbeiten, der seit vielen Jahren für die Familie lieferte. Jetzt schrieb er ihm, daß er seine Anzüge nicht mehr wolle, und nahm einen modernen Pariser Schneider. Bald auch fand er nicht mehr Zeit für den Justizpalast; denn die jungen Leute, die den ganzen Tag über nichts zu tun haben, finden nicht einmal Zeit, eine Zeitung zu lesen. Er verlegte seine Tätigkeit auf den Boulevard, speiste im Café, ging in den Bois, hatte schöne Anzüge und Goldstücke in der Tasche. Zu einem vollendeten Dandy fehlte ihm nur noch ein Pferd und eine Geliebte.

Wahrlich, früher war keiner ein Mann, lebte keiner wirklich, der nicht dreierlei besaß: ein Pferd, ein Weib und einen Degen. Unser prosaisches, kleinmütiges Jahrhundert trennte von diesen drei Freunden zuerst den edelsten, den sichersten, den unzertrennlichsten Gefährten des Mutigen. Keiner hat mehr den Degen zur Seite. Und wie wenige besitzen ein Pferd! Und schon gibt es welche, die sich ohne Weib zu leben rühmen.

Eines Tages hatte Frédéric dringende Schulden. Er mußte einige Bittgänge zu den Genossen seiner Vergnügungen tun und bekam nichts. Endlich erhielt er auf seine Unterschrift von einem Bankier, der seinen Vater kannte, dreitausend Franken. Als er das Geld in der Tasche hatte, fühlte er Freude und Ruhe nach langer Aufregung und bummelte über den Boulevard, bevor er heimkehrte. An der Ecke der Rue de la Paix, auf dem Wege zu den Tuilerien, traf er eine Frau, die sich bei einem jungen Mann eingehängt hatte und ihn anlächelte. Es war Bernerette. Er blieb stehen und folgte ihr mit den Augen. Sie wandte immer wieder den Kopf. Er änderte den Weg, ohne recht den Grund zu wissen, und gelangte zum Café de Paris.

Nach einer Stunde ging er zum Essen. Wieder traf er Bernerette. Sie war allein. Er sprach sie an und fragte sie, ob sie mit ihm essen wolle. Sie sagte ja und nahm seinen Arm. Sie möchte aber nicht in ein gar so besuchtes Restaurant.

»Gehen wir in eine Kneipe«, sagte sie lustig. »Ich esse nicht gerne in der Öffentlichkeit.«

Sie bestiegen einen Fiaker und vergaßen fast, wie einst, unter tausend Küssen, sich nach ihrem Schicksal zu fragen.

Das fröhliche Beisammensein bannte traurige Erinnerungen. Bernerette beklagte sich nur, daß er nicht zu ihr gekommen sei. Er begnügte sich mit der Antwort, sie müsse doch wissen, warum. Sie las in seinen Augen, daß sie schweigen müsse. Sie saßen wie am ersten Tage neben einem wärmenden Feuer und dachten nur daran, mit aller Hingabe den Glückszufall zu feiern, der sie zusammengebracht hatte. Champagner steigerte ihre Lustigkeit; zärtliche Worte kamen, eingegeben von diesem Dichtertrank, den die Empfindsamen verschmähen. Nach dem Essen besuchten sie das Theater. Um elf Uhr fragte er sie, wohin er sie bringen solle. Zuerst antwortete sie nicht, halb schamhaft und halb furchtsam, dann aber warf sie die Arme um seinen Hals und flüsterte ihm zaghaft ins Ohr: »Zu dir.«

Er zeigte etwas Erstaunen, daß sie frei war.

»Oh! Glaubst du, wenn ich es nicht wäre, ich würde dich nicht lieben? Aber ich bin es«, sagte sie rasch, als sie ihn zögern sah. »Der Mann, der mich begleitete, hat dir

Fünf-Uhr-Tee in einer Hotelhalle. Farbdruck nach Gemälde, um 1910, von E. H. Zirkel. Foto: AKG, Berlin.

vielleicht zu denken gegeben. Hast du ihn dir angesehen?«

»Nein, ich sah nur dich.«

»Es ist ein prachtvoller Bursche, er hat ein Modewarengeschäft und ist ziemlich reich. Er will mich heiraten.«

»Dich heiraten, sagtest du? Ist das dein Ernst?«

»Mein voller Ernst. Ich habe ihm nichts vorgemacht. Er kennt mein ganzes Leben. Er ist trotzdem verliebt in mich. Er kennt meine Mutter; vor einem Monat ungefähr hielt er um meine Hand an. Meine Mutter wollte nichts von meiner Vergangenheit sagen. Sie wollte mich fast schlagen, als sie erfuhr, er wisse alles. Er will, daß ich die Kasse führe. Das ist ein sehr hübscher Posten; denn er verdient an die fünfzehntausend Franken jährlich. Leider geht es nicht.«

»Warum nicht? Hat es einen Haken?«

»Ich werde es dir sagen. Aber gehen wir zuerst zu dir.«

»Nein, antworte mir erst offen.«

»Du wirst dich über mich lustig machen. Ich habe wohl Achtung und Freundschaft für ihn. Er ist der beste Mensch von der Welt. Aber er ist zu dick.«

»Zu dick? Was für ein Unsinn!«

»Du hast ihn nicht gesehen. Er ist klein und dick, und du hast so eine hübsche Figur!«

»Und sein Gesicht?«

»Nicht einmal schlecht. Er sieht so gutmütig aus, wie er in Wirklichkeit ist. Ich bin ihm so dankbar, wie ich es gar nicht sagen kann, und wenn ich es gewollt hätte, würde er sogar, ohne mich zu heiraten, mir Gutes getan haben. Um nichts in der Welt möchte ich ihn kränken, und wenn ich es könnte, würde ich ihm eine Gefälligkeit erweisen. Ich täte es von ganzem Herzen.«

»So heirate ihn doch, wenn es so ist.«

»Er ist zu dick. Es geht nicht. Jetzt zu dir, dann wollen wir plaudern.«

Er ließ sich mitziehen. Als er nächsten Morgen erwachte, hatte er alles vergangene Leid vergessen und auch Fräulein Darcys schöne Augen.

V

Bernerette verließ ihn nach dem Frühstück. Sie wollte nicht, daß er sie begleite. Er legte das geliehene Geld beiseite und war fest entschlossen, seine Schulden zu bezahlen. Aber es eilte ihm damit nicht. Einige Zeit später aß er bei Gérard zu Abend. Man trennte sich erst, als der Tag dämmerte. Als er fort wollte, hielt Gérard ihn zurück.

»Was willst du tun?« fragte er ihn. »Zu schlafen lohnt nicht mehr. Wir wollen auf dem Land frühstücken.«

Der Ausflug wurde vorbereitet. Gérard ließ seine Freundin wieder aufwecken und sich zurechtmachen.

»Wie schade«, sagte er dem Freund, »daß du nicht auch jemanden zum Mitnehmen hast. Wir wären dann zu viert. Das wäre doch viel lustiger.«

»Wenn es nichts weiter ist«, entgegnete Frédéric und fühlte den Stich der Eigenliebe. »Wenn du willst, schreibe ich ein kleines Wort, das dein Bursche hier ganz in die Nähe tragen kann. Es ist zwar noch früh am Tag, aber Bernerette wird sicher kommen.«

»Ausgezeichnet. Was ist es doch mit Bernerette? Ist sie nicht deine ehemalige Grisette?«

»Sehr richtig. Um ihretwillen hast du mir Moral gepredigt.«

»Wirklich?« lachte Gérard. »Aber ich hatte vielleicht recht; denn du bist ein beständiger Charakter, und das ist bei solchen Damen gefährlich.«

Als er so sprach, trat seine Geliebte ein. Auch Bernerette ließ nicht auf sich warten und kam mit ihrem besten Kleid. Man schickte nach einem Mietswagen und fuhr trotz des ziemlich kühlen Wetters nach Montmorency.

Der Himmel war wolkenlos, die Sonne lachte, die jungen Männer rauchten, die beiden Damen sangen. Nach einer Meile waren sie Freundinnen.

Dann machten sie einen Spazierritt. Als im Wald die Pferde galoppierten, pulste Frédéric das Herz hoch. So glücklich war er noch nie gewesen. Bernerette ritt neben ihm.

Mit Stolz bemerkte er, welchen Eindruck ihr anmutiges und vom Ritt erregtes Gesicht auf Gérard machte. Nach einem weiten Umweg durch den Forst ritten sie auf eine kleine Anhöhe, die ein Häuschen und eine Mühle trug. Die Müllerin gab ihnen eine Flasche Weißwein, und sie legten sich ins Heidekraut.

»Wir hätten eigentlich etwas zum Essen mitnehmen sollen«, meinte Gérard. »Man bekommt beim Reiten rasch Hunger. Wir hätten hier ein kleines Picknick machen können, bevor wir zum Gasthaus zurückkehren.«

Bernerette zog aus der Tasche ein Stückchen Käsekuchen, den sie unterwegs in Saint-Denis gekauft hatte, und bot ihn mit vieler Anmut Gérard an, der ihr dankend die Hand küßte.

»Was wollen wir erst ins Dorf zurückreiten«, sagte sie dann. »Essen wir doch hier. Die gute Frau wird schon ein Stück Hammelfleisch im Hause haben. Außerdem sind hier auch Hühner, die sie uns braten kann. Wir können sie ja fragen. Während sie das Essen vorbereitet, können wir einen Spaziergang in den Wald machen. Was meint ihr dazu? Das wird die alten Rebhühner im ›Weißen Roß‹ aufwiegen.«

Der Vorschlag wurde angenommen. Die Müllerin wollte zwar zuerst nicht und suchte nach Entschuldigungen, aber als Gérard ein Goldstück blitzen ließ, machte sie sich sogleich an die Arbeit und opferte ihren ganzen Hühnerstall. Das Essen wurde sehr lustig. Es dehnte sich länger aus, als es die Teilnehmer beabsichtigten. Die Sonne verschwand hinter den schönen Hügeln von Saint-Leu. Dichte Wolken hingen über dem Tal; es begann zu regnen.

»Was sollen wir anfangen?« fragte Gérard. »Wir haben fast zwei Meilen bis Montmorency, und das ist kein Gewitterregen, den man abwarten kann. Das ist ein richtiger Winterregen, der die ganze Nacht anhält.«

»Warum denn?« meinte Bernerette. »Ein Winterregen geht genauso vorüber wie jeder andere. Wir wollen Karten spielen, um uns zu zerstreuen. Wenn der Mond kommt, werden wir schönes Wetter haben.«

Die Müllerin hatte natürlich keine Karten im Haus; folglich konnte man nicht spielen. Cécile, Gérards Freundin, jammerte, daß sie nicht im Gasthof war, und fürchtete für ihr neues Kleid. Die Pferde mußte man in einem Schuppen unterstellen. Zwei lange Burschen mit verdrießlichem Gesicht, die Söhne der Müllerin, traten ins Zimmer und wollten, sehr wenig mit der Gegenwart der Fremden einverstanden, zu essen haben. Gérard wurde ungeduldig und Frédéric schlechter Laune. Nichts ist trister, als wenn irgendeine unvorhergesehene Widerwärtigkeit auf Menschen fällt, die eben lachten. Nur Bernerette behielt ihren Humor und schien sich um nichts zu bekümmern.

»Da wir keine Karten haben«, sprach sie, »schlage ich euch ein anderes Spiel vor. Wir sind zwar im November, wir können aber doch versuchen, eine Fliege zu finden.«

»Eine Fliege?« staunte Gérard. »Was willst du damit?«

»Suchen wir zuerst, nachher werden wir schon sehen.«

Alle suchten. Endlich wurde eine Fliege gefunden. Das arme Tier war von der Winternähe schon halb erstarrt. Bernerette faßte es zart und setzte es mitten auf den Tisch. Dann versammelten sich alle im Kreise herum.

»Jetzt«, sagte sie, »nimmt jeder von uns ein Stück Zucker und legt es vor sich auf den Tisch. Dann tut jeder ein Geldstück auf einen Teller. Das ist der Einsatz. Daß mir keiner spricht und keiner sich rührt! Wir müssen jetzt die Fliege munter werden lassen. Jetzt will sie schon fliegen. Sie wird sich auf eins der Zuckerstücke setzen, es dann verlassen, zu einem anderen fliegen, wieder zurückkommen, wie ihre Laune es will. So oft sie sich auf ein Stück Zucker setzt, gewinnt sein Besitzer ein Geldstück, bis der Teller leer ist. Dann fangen wir von vorne an.«

Bernerettes vergnügliche Idee brachte die Lustigkeit wieder. Man folgte ihren Instruktionen und fand noch zwei oder drei andere Fliegen dazu. In feierlichem Schweigen hingen an ihnen alle Augen, wenn sie rund um den Tisch herum flogen. Setzte sich eine auf einen Zucker, dann gab es allgemeines Gelächter. So verging eine Stunde. Der Regen hatte aufgehört.

»Ich kann eine verdrießliche Frau nicht ausstehen«, sagte Gérard auf dem Rückweg zu seinem Freund. »Lustigkeit ist weiß Gott eine große Gabe. Sie ist vielleicht die erste von allen, da man mit ihr alle andern verschmerzen kann. Deine Grisette wußte Langeweile in Kurzweil umzuwandeln. Das gibt mir von ihr eine bessere Meinung, als wenn sie ein episches Gedicht geschrieben hätte. Wird deine Liebe noch lange dauern?«

»Ich weiß es nicht«, antwortete Frédéric und zwang sich zu des Gefährten Leichtigkeit. »Wenn sie dir gefällt, so mache ihr doch den Hof.«

»Du bist nicht offen; denn du liebst sie und sie dich.«

»Ja, aus Laune, so wie damals.«

»Nimm dich vor diesen Launen in acht.«

»So folgt uns doch, ihr Herren!« rief Bernerette und galoppierte mit Cécile voraus. Sie hielten auf einem Plateau, und der Ritt wurde unterbrochen. Der Mond ging auf. Langsam löste er sich von dunklen Massen. Als er höher stieg, schienen die Wolken vor ihm zu fliehen. Unterhalb des Plateaus breitete sich ein Tal, durch das der Wind ein

Meer von welken Blättern trieb. Der Blick unterschied nichts mehr. Man hätte hier, sechs Meilen von Paris, glauben können, vor einer Schwarzwaldschlucht zu stehen. Jetzt hatte der Mond den Horizont überwunden. Weites Licht glitt über die Wipfel der Bäume und erhellte den Raum mit einemmal. Wälder, Stämme der Kastanien, Lichtungen, Wege, Hügel zeigten ferne, zauberhafte Umrisse. Die vier blickten sich an, staunten und freuten sich, daß sie sich sahen.

»Los, Bernerette, ein Lied!« rief Frédéric.

»Ein trauriges oder ein lustiges?« fragte sie.

»Wie du willst, ein Jagdlied! Das Echo antwortet uns vielleicht.«

Bernerette schlug den Schleier zurück und stimmte die Schlußzeilen eines Jagdlieds an. Doch mit einemmal hörte sie auf. Die schimmernde Venus, über die Höhen funkelnd, erfüllte ihr die Augen, und sie sang wie unter dem Zauber eines ganz zarten Gedankens eine deutsche Weise und Verse, zu denen Frédéric durch eine Zeile von »Ossian« gekommen war:

Du bleicher Abendstern, ferne Gebärde,
Leuchtendes Antlitz über müden Schleiern:
Aus deines Azurhauses Himmelsfeuern siehst du die Erde.
Die Winde ersterben und die Wetter.
Zitternde Bäume weinen Blätter.

Dunkelgoldner Nachtfalter schwankt über Wiesenduft.
Was suchst du auf der schlafenden Welt?
Doch ich ahne ihn schon, wie er fällt,
Den Höhen zu, lächelnde Luft,
Die uns fliehend mit Trauer umrankt.

Du fällst auf den grünen Hügel, mein bleicher Stern,
Silberne Träne aus schwerem Mantel der Nacht,

Du siehst auf den Hirten, der für Tiere wacht:
Und Schritt für Schritt folgt ihm die lange Herde.
Unsäglich ist Nacht. Ich frage: Wohin, mein Stern?
Suchst du ein schilfenes Bett an des Flusses Rand?
Wohin, mein Stern, der du schön bist? Die Stunde
schweigt.

Fällst du wie eine Perle gegen die tiefe Wand
Der Wasser? Mußt du sterben, mein Stern, und neigt
Dein Haupt das helle Haar in Meere und Ferne?
Mußt du uns lassen, Stern? So bleibe und blinke
Eine Sekunde uns noch – Stern liebender Sterne,
Stern der Liebe, nicht von den Himmeln sinke!

Auf die singende Bernerette fiel Mondlicht. Das Gesicht war voll bleichen Glanzes. Cécile und Gérard lobten die Frische und Reinheit ihrer Stimme. Frédéric küßte sie zärtlich.

Sie traten in das Gasthaus und aßen. Beim Nachtisch wurde Gérard, dessen Kopf durch eine Flasche Madeira etwas erhitzt war, so stürmisch und galant, daß Cécile mit ihm zankte. Sie stritten sich heftig, Cécile ging vom Tisch, und Gérard folgte ihr in schlechter Laune. Frédéric fragte Bernerette, ob sie sich über das Motiv des Streites im unklaren sei.

»Nein«, antwortete sie; »es gehört nicht viel dazu, um es zu begreifen.«

»Nun eben! Was hältst du davon? Der junge Mann hat Geschmack an dir gefunden. Seine Geliebte langweilt ihn. Du brauchst nur ein Wort zu sagen, und sie ist entlassen.«

»Was kümmert das uns! Bist du eifersüchtig?«

»Ganz im Gegenteil! Du weißt doch, daß ich dazu nicht das Recht habe.«

»Erkläre dich genauer. Was willst du damit sagen?«

Edgar Degas, *Madame Camus in Rot mit Fächer,* um 1869/70.
Foto: AKG, Berlin.

»Mein liebes Kind, ich will damit sagen, daß mir weder mein Vermögen noch mein Beruf erlauben, dein Liebhaber zu sein. Das ist nicht erst heute so; du weißt es, und ich brauche dir nichts vorzumachen. Wollte ich mit dir den großen Herrn spielen, so würde ich mich ruinieren und dich nicht glücklich machen. Meine Bezüge reichen zur Not gerade für mich aus. Außerdem muß ich in kurzer Zeit nach Besançon zurück. Du siehst, ich erkläre mich sehr genau, obgleich es mir recht wider das Herz geht. Aber es gibt Dinge, über die ich mich nicht so auslassen kann. Da mußt du es dir überlegen und an deine Zukunft denken.«

»Das heißt, du gibst mir den Rat, mit deinem Freund anzufangen.«

»Nein, denn er tut es ja mit dir. Gérard ist reich, ich nicht. Er lebt in Paris, im Zentrum alles Vergnügens, und ich bin dazu verurteilt, Provinzadvokat zu sein. Du gefällst ihm. Es ist vielleicht dein Glück.«

Trotz seiner scheinbaren Ruhe war er erregt. Bernerette schwieg und lehnte sich an das Fenster. Sie weinte. Sie mühte sich, die Tränen nicht zu zeigen. Frédéric merkte es und kam zu ihr.

»Laß mich«, sagte sie zu ihm, »du würdigst dich nicht zur Eifersucht herab. Ich begreife es und leide darum, ohne mich zu beklagen. Doch du sprichst zu hart zu mir, mein Freund. Du behandelst mich ganz so wie eine Dirne und tust mir bitter unrecht.«

Es war beschlossen worden, die Nacht im Gasthof zu verbringen und erst am nächsten Tag nach Paris zurückzukehren. Bernerette löste sich das Halstuch und trocknete sich die Tränen. Dann wand sie es dem Geliebten um die Augen. Sie lehnte sich gegen seine Schulter und zog ihn sanft zum Alkoven.

»O du Böser!« sagte sie, ihn küssend; »gibt es denn gar kein Mittel, daß du mich lieb hast?«

Frédéric nahm sie in seine Arme. Er wußte wohl, wessen er sich aussetzte, wenn er sich rühren ließe. Fast war er versucht, sich ganz hinzugeben; dann wieder mißtraute er sich selbst. Schon wollte er ihr sagen, daß er sie liebe. Das gefährliche Wort erstarb ihm auf den Lippen; aber Bernerette fühlte es im Herzen. Beide schliefen ein und waren zufrieden, er, daß er nichts sagte, und sie, daß sie alles verstand.

VI

Diesmal begleitete Frédéric sie nach Hause. Er fand eine so ärmliche Wohnung, daß er wohl begriff, warum sie ihn früher nicht hatte mitkommen lassen. Sie wohnte in einem möblierten Haus mit finsterem Eingang und hatte nur zwei kleine, notdürftig ausgestattete Zimmer. Frédéric versuchte einige Fragen über die augenscheinliche Peinlichkeit ihrer Lage; doch sie antwortete ausweichend.

Nach einigen Tagen kam er wieder und hörte im Eingang heftiges Geschrei, das hoch von der Treppe klang. Frauen kreischten. Man rief zu Hilfe, man drohte, man wolle zur Wache schicken. Den Lärm übertönte die Stimme eines jungen Menschen. Jetzt sah ihn Frédéric. Er war bleich, trunken vor Zorn und Wein und trug abgerissene Kleider.

»Das wirst du mir bezahlen, Louise!« schrie jener und hieb auf das Geländer. »Das wirst du mir bezahlen! Ich finde dich wieder, und du wirst mir gehorchen lernen, oder ich reiße dich hier heraus. Ich kümmere mich nicht viel um eure Drohungen, euer Weibergekreisch! Verlaßt euch drauf, ihr seht mich bald wieder!«

Wütend stürzte er die Treppen hinunter und aus dem Hause.

Frédéric zögerte hinaufzugehen. Jetzt sah er Bernerette auf dem Flur. Sie erklärte ihm den Auftritt. Jener

Mensch war ihr Bruder. »Du hörtest den traurigen Namen Louise«, sprach sie weinend, »und du weißt, daß er mir und meinem Unglück gehört. So behandelt mein Bruder mich, wenn er aus dem Wirtshaus kommt: Ich wollte ihm kein Geld mehr geben, damit er wieder hingehen kann.«

Unter Tränen gestand sie ihm, was sie bisher stets verschwiegen hatte. Ihre Eltern, sehr arme Tischlerleute, hatten sie erbärmlich behandelt und dann mit sechzehn Jahren an einen Mann verkauft, der nicht mehr jung war. Dieser Mann, reich und von guter Gesinnung, sorgte für eine Erziehung. Doch er starb bald und ließ sie allein und hilflos. Dann wurde sie von einer Provinzkomödiantentruppe engagiert. Der Bruder verfolgte sie von Stadt zu Stadt und zwang ihr ihren Verdienst ab, schlug sie, beleidigte und beschimpfte sie, wenn sie nicht genug geben konnte. Mit achtzehn Jahren endlich konnte sie sich für volljährig erklären lassen. Aber das Gesetz selbst konnte sie nicht vor seinen gehässigen Besuchen schützen. Sie verabscheute den Boshaften und Gewalttätigen und fühlte sich durch ihn entehrt. Das ungefähr war, im großen und ganzen, die Geschichte, die der Schmerz Bernerette entriß; nach der Art, wie sie sie ihm gestanden hatte, konnte Frédéric nicht an ihr zweifeln.

Und wäre es nicht Liebe, die ihn zu ihr hinzog, so würde es Mitleid gewesen sein. Er erkundigte sich nach der Wohnung des Bruders. Ein paar Goldstücke und entschlossene Worte brachten die Sache in Ordnung. Die Hausmeisterin bekam den Auftrag, zu sagen, daß Bernerette in ein anderes Viertel verzogen sei, falls der Mensch sich von neuem zeigen sollte. Aber einer Frau ihre Ruhe zu geben, war nicht viel, wenn ihr alles übrige fehlte. Anstatt seine eigenen Schulden zu bezahlen, beglich er die Bernerettes. Sie versuchte vergeblich, ihn daran zu hindern. Er wollte weder an die Unklugheit denken, die er beging, noch an die Folgen, die sie haben könnte. Er gehorchte dem Willen seines Herzens und schwor sich, niemals zu bereuen, was er hier tat.

Und doch sollte er es bald bereuen; denn um die alten Verbindlichkeiten zu decken, mußte er neue eingehen, die schwieriger und drückender waren. Er hatte nicht die sorglose Natur, die sich nichts aus dem Schlimmen macht, das vor der Türe steht. Ihm war ganz im Gegenteil von allen Eigenschaften, die er verlor, allein die Sorge um das Kommende geblieben. Er wurde finster und schweigsam, soweit man es in seinem Alter sein kann. Die Freunde bemerkten seine Wandlung; aber er sagte ihnen nicht die Ursache. Er täuschte sie, indem er sich selbst täuschte, und ließ aus Schwäche oder aus Notwendigkeit dem Schicksal seinen Lauf.

Zu Bernerette indes wurde er nicht anders. Stets sprach er ihr von seiner nahen Abreise: Aber er reiste nicht ab, sondern kam alle Tage zu ihr. Er gewöhnte sich an die Treppe und fand sie bald nicht mehr so dunkel. Die beiden Zimmerchen, ihm so düster zuerst, schienen ihm freundlich. Die Morgensonne leuchtete hinein und wärmte sie, gerade weil sie so klein waren.

Sogar für ein Mietsklavier wurde noch Platz geschaffen. Aus einem guten Restaurant in der Nachbarschaft holten sie das Essen. Bernerette besaß das Talent alleinstehender Frauen, zugleich verschwenderisch und sparsam zu sein. Aber ihr war noch eine seltenere Gabe eigen: mit allem zufrieden zu sein und immer den andern Freude bereiten zu wollen.

Man darf auch ihre Fehler nicht vergessen. Sie war nicht eigentlich faul, aber sie lebte unbegreiflich müßig hin. Wenn sie mit überraschender Behendigkeit den kleinen Haushalt versorgt hatte, lag sie den ganzen Tag mit verschränkten Armen auf dem Sofa. Sie sprach vom Nähen und Sticken wie Frédéric von seiner Abreise, das heißt, sie tat nichts. Zum Unglück sind sehr viele Frauen so und gerade solche, die Beschäftigung nötiger haben als alle anderen. Es gibt in Paris Mädchen, die kein Brot zu essen haben, aber die niemals eine Nadel in der Hand halten und die, ihre Hände mit Mandelmilch waschend, Hungers sterben würden.

Der Karneval kam. Frédéric besuchte die Bälle und kam zu allen möglichen Stunden zu Bernerette, bald am frühen Morgen, bald mitten in der Nacht. Oft, wenn er an der Tür läutete, fragte er sich unwillkürlich, ob er vielleicht sie nicht allein finden werde. Und hätte er das Recht, sich über einen Rivalen zu beklagen? Nein, ohne Zweifel; denn er selbst hatte sich ja dieses Recht verweigert. Und doch geschah es, daß er in dem Augenblick die Möglichkeit fürchtete und herbeiwünschte. Dann hätte er den Mut abzureisen; dann wäre er durch ihre Untreue gezwungen, sich von ihr zu trennen. Aber Bernerette war immer allein. Tagsüber saß sie am Kamin und kämmte die langen Haare, die ihr über die Schultern fielen. Wenn er nachts läutete, lief sie halb nackt herbei, die Augen geschlossen und auf den Lippen ein Lächeln. Schlafend noch warf sie sich ihm um den Hals, machte wieder Feuer, holte aus dem Schrank etwas zu essen, immer behende und sorglich, und fragte ihn nie, woher er käme. Wer wollte einem Leben widerstehen, das so voll Anmut war, und einer so seltenen und unkomplizierten Liebe? Aller Tage Sorgen zum Trotz schlief er glücklich ein. Und er wachte nicht traurig auf; denn schon sah er die Geliebte, wie sie freundlich durch das Zimmer ging und für Bad und Frühstück sorgte.

Wenn es wahr ist, daß seltenes Beieinander und fortwährende Hindernisse die Leidenschaften steigern und der Lust den Reiz der Neugierde beigesellen, so darf man doch keineswegs die seltsame Anmut verkennen, die süßer noch und gefährlicher dem Zusammenleben mit der Geliebten eigen ist. Man sagt, die Gewohnheit führe zum Überdruß. Das ist möglich. Aber sie gibt auch Vertrauen, Selbstvergessenheit und ist, solange die Liebe währt, Schirm gegen alles Fürchten. Die Liebenden, die sich nur in langen Abständen sehen, wissen niemals sicher, ob sie sich wirklich verstehen. Sie bereiten sich darauf vor, glücklich zu sein. Sie wollen sich gegenseitig überzeugen, daß sie es sind, und suchen das, was unauffindbar ist, nämlich Worte für das, was sie fühlen. Jene, die zusammenleben, haben zu sprechen nicht nötig. Sie fühlen gleichzeitig, sie tauschen nur einen Blick, sie drücken sich die Hand, sie kennen eine köstliche Freude, die süße Mattigkeit des nächsten Tages. Von den Ausbrüchen der Liebe ruhen sie sich aus in der Hingabe der Freundschaft. Zuweilen denke ich an diese zarte Bindung, wenn ich zwei Schwäne auf hellem Wasser hintreiben sehe.

Zuerst war es eine Regung von Edelmut, die Frédéric hingerissen hatte, jetzt zog ihn das neue Leben an und umfing ihn. Zu seinem Unglück verfügt der Autor dieser Geschichte nicht über die Feder eines Bernardin de Saint-Pierre, der das Vertrauliche ruhiger Liebe zu zeichnen vermochte. Und dann auch hatte jener begabte Schriftsteller die glühenden Nächte der Ile de France und Palmen, deren Schatten über Virginiens nackte Arme schauerten. Er zeichnet seine Helden inmitten der reichsten Natur. Die meinen aber gingen alle Morgen zum Pistolenstand nach dem Tivoli, von dort zu ihrem Freund Gérard, von dort zuweilen zu Véry zum Essen und dann ins Theater. Wenn sie müde waren, blieben sie am Kaminfeuer und spielten Dame. Wer wollte aber so gewöhnliche Einzelheiten lesen, und zu was nützen sie, wenn ein Wort genügt? Sie liebten sich und lebten zusammen. Das dauerte fast drei Monate.

Dann aber war Frédéric in einer so peinlichen Situation, daß er seiner Freundin die Notwendigkeit der Trennung nicht mehr verbarg. Sie hatte es seit langem erwartet und hielt ihn nicht. Sie wußte, er hatte für sie alle nur möglichen Opfer gebracht. Es blieb ihr nichts anderes übrig, als ihm resigniert ihr Leid zu verbergen. Ein letztes Mal aßen sie gemeinsam. Als sie aufbrachen, ließ er, in ein Stückchen Papier gewickelt, alles Geld, das ihm noch blieb, in ihren Muff gleiten. Sie begleitete ihn nach Hause und schwieg während des ganzen Weges. Als der Fiaker hielt, küßte sie ihm weinend die Hand. Dann trennten sie sich.

VII

Indessen hatte Frédéric zu reisen weder Lust noch Möglichkeit. Die eingegangenen Verpflichtungen und sein Beruf banden ihn an Paris. Er arbeitete eifrig, um über die Langeweile hinwegzukommen, ging nicht mehr zu Gérard, schloß sich einen Monat lang von der Außenwelt ab und verließ das Zimmer nur, wenn er im Justizpalast zu tun hatte. Allein die Einsamkeit war den vielen Zerstreuungen der jüngsten Zeit zu gegensätzlich und machte ihn sehr melancholisch.

Zuweilen lief er den ganzen Tag im Zimmer auf und ab, arbeitete nicht, las nicht und wußte nicht, was tun. Der Karneval neigte sich seinem Ende zu. Dem Februarschnee folgte eiskalter Märzregen. Weder Vergnügen noch Gesellschaft der Freunde konnten ihn ablenken, und er erlag voll Bitterkeit der tristen Jahreszeit, die mit Recht als tot empfunden wird.

Gérard besuchte ihn und fragte nach dem Grund seiner plötzlichen Abgeschlossenheit. Frédéric machte aus der Antwort kein Geheimnis, aber er lehnte die angebotene Hilfe des Freundes ab.

»Es ist Zeit«, sagte er ihm, »mit Gewohnheiten zu brechen, die nur zum Ruin führen können. Ich will lieber ein

Pablo Picasso, *Die Absinth-Trinkerin*, 1901. Foto: AKG, Berlin.
© Succession Picassco / VG Bild-Kunst, Bonn.

wenig Langeweile ertragen, als mich meinem Unglück auszusetzen.«

Er verschwieg auch nicht sein Leid, von Bernerette getrennt zu sein. Gérard fühlte mit ihm. Seinen Entschluß aber konnte er nur loben.

Zur Mittfastenzeit ging Frédéric auf den Opernball. Er fand ihn schlecht besucht. Das letzte Lebewohl an das Vergnügen hatte nicht einmal den Reiz der Erinnerung. Das Orchester war zahlreicher als das Publikum und spielte die Kontertänze des Winters in die Öde. Wenige Masken irrten durch das Foyer. An Aufmachung und Sprache war zu merken, daß die Frauen der guten Gesellschaft nicht mehr zu diesen vergessenen Festen kommen. Frédéric wollte schon gehen, als sich ein Domino neben ihn setzte. Er erkannte Bernerette. Sie sagte, sie wäre nur gekommen, weil sie ihn zu sehen hoffte. Er fragte sie, was sie seit ihrer Trennung getrieben habe. Sie antwortete ihm, sie hoffe, wieder ans Theater zu kommen. Sie lerne an einer Rolle für das Debüt. Er fühlte wieder Versuchung, sie zum Essen mitzunehmen; aber er dachte daran, wie leicht er sich nach seiner Rückkehr aus Besançon bei einer ähnlichen Gelegenheit hatte verführen lassen. Er drückte ihr die Hand und verließ den Saal allein.

Man sagt, Leid ist besser als Langeweile. Das ist ein trauriger Satz und leider wahr. Der entschlossene Mensch kämpft gegen den Schmerz, wie er auch sei, mit Mut und ganzem Willen. Ein großes Weh ist oft ein großes Gut. Die Langeweile dagegen zernagt und zersetzt den Menschen. Der Geist erstarrt und der Körper. Und die Gedanken flattern ins Wesenlose. Keinen Lebenssinn mehr zu haben, ist schlimmer als der Tod. Wenn Klugheit, Interesse und Vernunft gegen eine Leidenschaft stehen, so hat es der erste beste leicht, den von der Leidenschaft Hingerissenen zu tadeln. Argumente dagegen gibt es immer genug. Und man muß sich ihnen, ob man will oder nicht, ergeben.

Aber wenn das Opfer getan ist und wenn Vernunft und Klugheit befriedigt sind: Ist dann nicht jeder Philosoph und jeder Sophist am Ende seiner Argumente? Was wollt ihr dem Mann antworten, der euch sagt: Ich folgte eurem Rat, doch ich verlor alles; ich war klug, aber ich leide?

So auch stand es um Frédéric. Bernerette schrieb ihm zweimal. Im ersten Brief sagte sie, das Leben sei ihr unerträglich, sie flehe ihn an, daß er von Zeit zu Zeit zu ihr käme und sie nicht ganz verlasse. Er war gegen sich selbst zu mißtrauisch, um ihre Bitte zu gewähren. Der zweite Brief kam einige Zeit später. »Ich habe meine Eltern wiedergesehen, und sie scheinen freundlicher zu mir sein zu wollen. Ein Onkel von mir ist gestorben und hat uns etwas Geld zurückgelassen. Für mein erstes Auftreten habe ich mir Kostüme machen lassen, die dir gefallen werden und die ich dir gerne zeigen möchte. Komm doch bitte auf einen Sprung zu mir.« Dieses Mal ließ sich Frédéric überreden. Er suchte sie auf; aber nichts von dem, was sie schrieb, war wahr. Sie wollte ihn nur wiedersehen. Ihre Beharrlichkeit rührte ihn; und um so trauriger empfand er die Notwendigkeit, ihr zu widerstehen. Bei den ersten Worten, die davon sprachen, schloß ihm Bernerette den Mund.

»Ich weiß es«, sagte sie. »Küß mich und geh.«

Gérard fuhr aufs Land und nahm ihn mit. Die schönen Tage und viel Reiten ließen ihn wieder ein wenig lustig sein. Gérard hatte es ihm nachgetan und seine Geliebte (wie er sagte) »nach Hause geschickt«. Er wollte frei sein. Die beiden jungen Leute durchliefen gemeinsam die Wälder und machten einer hübschen Pächterin des benachbarten Marktfleckens den Hof. Bald aber kamen aus Paris Gäste. Spazierengehen wurde mit Spielen vertauscht und die Mahlzeiten lang und lärmend. Frédéric ertrug dieses Leben nicht mehr, das ihn einst geblendet hatte, und kehrte in seine Einsamkeit zurück.

Er empfing einen Brief aus Besançon. Der Vater schrieb ihm, Fräulein Darcy reise mit ihrer Familie nach Paris. Sie kam auch wirklich im Laufe der Woche. Frédéric begab sich, sehr gegen seinen Willen, zu ihr. Er fand sie so, wie er sie verlassen hatte: ihrer heimlichen Liebe treu und bereit, sich dieser Treue als Koketterie zu bedienen. Sie versicherte ihm jedoch, sie bedauere die etwas zu harten Worte, die sie ihm zuletzt in Besançon gesagt habe. Sie bat ihn, er möge ihr verzeihen, wenn sie an seiner Diskretion gezweifelt habe. Sie wolle nicht heiraten, fügte sie hinzu, und biete ihm von neuem und zwar für immer ihre Freundschaft an. In Zeiten ohne Glück und ohne Freude sind solche Gaben stets willkommen. Er dankte ihr und fand es nicht ohne Reiz, hin und wieder seine Abende bei ihr zu verbringen.

Bedürfnis nach Aufregung läßt die Blasierten zuweilen das Ungewöhnliche suchen. Es mag überraschen, daß ein so junges Weib wie Fräulein Darcy diesen merkwürdigen und gefährlichen Charakterzug hatte. So war es aber. Es gelang ihr leicht, wieder Frédérics Vertraute zu werden und von seiner Liebe zu hören. Sie hätte ihn vielleicht trösten können. Hätte sie sich ihm gegenüber auch nur kokett verhalten, so hätte sie ihn doch wenigstens von seinem Leid abgelenkt. Aber sie tat das Gegenteil. Sie zürnte ihm nicht wegen seiner Zügellosigkeit, nein, sie sprach, daß Liebe alles entschuldige und daß seine Dummheiten ihm nur Ehre brächten. Anstatt ihn in seinem Entschluß zu bekräftigen, wiederholte sie ihm ständig, sie begreife ihn nicht:

»Wenn ich ein Mann wäre und wenn ich soviel Freiheit hätte wie Sie, könnte mich nichts in der Welt von der Frau trennen, die ich liebe. Allem Unglück, jeder Armut würde ich mich lieber aussetzen, als die Geliebte zu entbehren.«

Solche Worte waren wohl befremdlich aus dem Mund

eines jungen Mädchens, das von der Welt nur seine Familie kannte. Doch darum waren sie um so wirkungsvoller. Fräulein Darcy hatte zwei Gründe für ihre Rolle, die ihr übrigens gefiel. Erstens wollte sie großherzig und gefühlvoll erscheinen; und zum zweiten bewies sie ihm dadurch, wie wenig sie ihm zürnte, daß er sie vergessen hatte. Der arme Kerl wurde abermals von weiblicher List umgarnt und ließ sich durch ein siebzehnjähriges Kind überreden. »Sie haben recht«, entgegnete er ihr, »das Leben ist so kurz und das Glück auf Erden so selten, daß es unsinnig ist, zu überlegen und sich mit freiwilligen Leiden zu beladen. Es gibt genug Unvermeidliches.« Fräulein Darcy wechselte das Thema: »Liebt diese Bernerette Sie?« fragte sie etwas von oben herab. »Sagten Sie mir nicht, sie sei Grisette? Welchen Maßstab kann man an diese Sorte Frauen legen? Sind sie solcher Opfer wert, und wissen sie sie zu würdigen?« »Ich weiß es nicht«, antwortete Frédéric. »Ich wenigstens liebe sie nicht so sehr. Wenn ich bei ihr bin, will ich mir nur die Zeit angenehm vertreiben. Jetzt langweile ich mich, das ist das ganze Übel.« »Pfui doch!« rief sie; »was ist das für eine Liebe!«

Sie erregte sich. Sie sprach, als handle es sich um sie selbst, und ihre lebhafte Phantasie fand die Möglichkeit, sich zu betätigen: »Ist das Liebe, sich die Zeit zu vertreiben? Wenn Sie nicht diese Frau lieben, was wollen Sie dann bei ihr? Und wenn Sie sie lieben, warum verlassen Sie sie dann? Sie leidet, sie weint vielleicht. Wie können solch erbärmliche Geldfragen einen edlen Menschen bestimmen? Sind Sie so kalt und so Sklave Ihrer Interessen wie einst meine Eltern, die das Unglück meines Lebens schufen? Ist das Mannesart, und werden Sie nicht schamrot? Doch nein, Sie selbst wissen nicht, ob Sie leiden, noch ob Sie bedauern. Die erste beste könnte Sie trösten. Ihr Geist ist nur unbeschäftigt. Oh, so ist die Liebe nicht. Ich sagte Ihnen in Besançon, Sie würden eines Tages erfahren, was Liebe ist. Doch wenn Sie nicht mehr Mut haben, so sage ich Ihnen heute, daß Sie es niemals wissen werden.«

Nach einer solchen Unterhaltung wollte Frédéric eines Abends heimkehren. Regen überraschte ihn; er trat in ein Café und trank ein Glas Punsch. Wenn Kummer das Herz drückt, so genügt leichte Erregung, um es schlagen zu lassen. Es ist dann, als käme in uns ein zu volles Gefäß zum Überlaufen. Frédéric verließ das Café und beschleunigte den Schritt. Zwei Monate Einsamkeit und Entbehrung lasteten auf ihm. Er fühlte ein unbezwingliches Bedürfnis, das Joch der Vernunft abzuschütteln und wieder frei zu atmen. Ohne zu überlegen, schlug er die Richtung nach Bernerettes Haus ein. Der Regen hatte aufgehört. Im Mondlicht sah er die Fenster der Freundin, die Haustür und die vertraute Straße. Bebend griff er an die Glocke, und wie früher fragte er sich, ob er in dem kleinen Zimmer das Feuer unter der Asche und das Mahl bereit finden werde. Er zögerte zu läuten.

»Was wäre es schlimm, wenn ich auf ein Stündchen hinaufginge und sie um Erinnerung an alte Liebe bitte? Welche Gefahr sollte ich laufen? Sind wir morgen nicht alle beide frei? Die Notwendigkeit trennt uns. Warum sollte ich mich vor einem Augenblick des Wiedersehens fürchten?«

Es war Mitternacht. Er läutete sacht. Die Tür öffnete sich. Als er die Treppe hinaufstieg, rief ihn die Hausmeisterin an, es sei niemand zu Hause. Es war das erstemal, daß er Bernerette nicht antraf. Er glaubte, sie sei ins Theater gegangen und antwortete, er werde warten. Doch die Frau sagte nein; nach langem Hin und Her versicherte sie ihm, Bernerette sei frühzeitig weggegangen und käme vor dem nächsten Morgen nicht wieder.

VIII

Was nützt es, wenn der Liebende den Gleichgültigen spielt; denn der Tag kommt, der uns die Wahrheit zu gestehen zwingt, und läßt uns um so grausamer leiden. Frédéric hatte sich so oft geschworen, er sei auf Bernerette nicht eifersüchtig, er hatte es so oft seinen Freunden wiederholt, daß er zum Schluß es selber glaubte. Er kam zu Fuß nach Hause und pfiff einen Kontertanz.

»Sie hat einen anderen«, sagte er sich. »Um so besser für sie. Das wünsche ich mir ja gerade. Nun kann ich beruhigt sein.«

Doch kaum war er auf seinem Zimmer, als er tödliche Schwäche fühlte. Er setzte sich und legte die Stirn in die Hände, wie um seine Gedanken zu sammeln. Der Kampf war nutzlos und die Natur stärker. Er hob das Gesicht tränenüberströmt, gestand, was er litt, und glaubte sich fast ein wenig erleichtert.

Dann wurde der Erschütterte unsäglich matt. Die Einsamkeit lastete unerträglich, und viele Tage, die folgten, erfüllte er mit Besuchen und ziellosem Herumlaufen. Dann wieder versuchte er, die Sorglosigkeit wiederzugewinnen, die er früher zu heucheln wußte. Oder er wurde wild vor Zorn und trug sich mit Rache. Lebensüberdruß kam über ihn. Er erinnerte sich an das traurige Geschehnis, das seine junge Liebe eingeleitet hatte. Das Beispiel jenes Unseligen drängte sich ihm auf.

»Jetzt begreife ich ihn«, sprach er zu Gérard. »Ich wundere mich nicht mehr, daß man dann den Tod wünscht. Man tötet sich auch nicht für die Frau, sondern weil für den Leidenden das Leben vergeblich und nicht zu leben ist. Das Motiv ist dabei fast gleichgültig.«

Gérard kannte seinen Freund zu gut, um nicht dessen Hoffnungslosigkeit ernst zu nehmen; und er liebte ihn zu sehr, als daß er ihn im Stich gelassen hätte. Durch einflußreiche Beziehungen, die er für sich selbst noch nie verwandt hatte, brachte er es fertig, Frédéric bei einer Gesandtschaft unterzubringen. Eines Tages präsentierte er ihm die Reiseorder des Ministers des Auswärtigen.

»Reisen ist das beste, das einzige Mittel gegen den Kummer«, sagte er zu ihm. »Um dich aus Paris herauszubringen, habe ich ein paar Bittgänge gewagt und, Gott sei Dank, auch Erfolg gehabt. Wenn du Mut hast, reist du sofort nach Bern, wohin dich der Minister schickt.«

Frédéric zögerte nicht. Er dankte dem Freund und machte sich sogleich daran, seine Angelegenheiten zu ordnen. Er schrieb seinem Vater von seinen neuen Plänen und bat um seine Genehmigung. Die Antwort lautete günstig. Vierzehn Tage später waren seine Schulden bezahlt, nichts hinderte ihn mehr zu reisen, und er konnte seinen Paß beantragen.

Fräulein Darcy stellte tausend Fragen, aber er war zu antworten nicht mehr willens. Solange er sich noch nicht über sein Empfinden klar gewesen war, hatte er sich aus Schwäche die neugierige Vertraulichkeit des Mädchens gefallen lassen. Aber jetzt trug er zu schweres Leid, um mit sich spielen zu lassen, und, seiner gefährlichen Leidenschaft bewußt, begriff er, wie frivol ihr Interesse für ihn war. Er tat, was alle Männer tun; um sich zu heilen, gab er vor, daß er schon geheilt sei: Eine Liebelei habe ihn wohl verwirren können, aber er sei schon zu alt, um nicht an Ernsteres zu denken. Fräulein Darcy stimmte solchen Ansichten natürlich nicht bei. Sie sah in der Welt nichts Ernsthafteres als die Liebe, und aller Rest schien ihr verächtlich. So wenigstens sprach sie. Frédéric ließ sie reden und stimmte ihr bereitwilligst zu, daß er niemals lieben werde. Sein Herz sagte ihm das Gegenteil. Er stellte sich als unbeständig dar und wäre froh gewesen, wenn das der Wahrheit entsprochen hätte.

Je weniger er Mut fühlte, desto mehr beschleunigte er

Henri de Toulouse-Lautrec, *Im Salon der Rue des Moulins*, 1894.
Foto: AKG, Berlin.

die Abreise. Aber einen Gedanken konnte er nicht los werden. Wer war der neue Geliebte? Und was tat sie? Sollte er versuchen, sie noch einmal wiederzusehen? Gérard sprach dagegen. Sein Prinzip war, nichts halb zu tun. Von dem Augenblick an, da Frédéric wegzugehen entschlossen war, riet er ihm, alles zu vergessen. »Was willst du wissen? Bernerette wird dir nichts sagen oder die Wahrheit entstellen. Da es bewiesen ist, daß sie einen andern liebt, warum willst du es von ihr selbst erfahren? Darüber ist eine Frau mit dem alten Liebhaber niemals aufrichtig, zumal doch jede Versöhnung ausgeschlossen ist. Was hoffst du übrigens? Sie liebt dich nicht mehr.«

Gérard gebrauchte absichtlich so harte Sätze, um dem Freund ein wenig Kraft zu geben. Jene, die geliebt haben, mögen die Wirkung solcher Worte beurteilen. Sehr viele Menschen haben geliebt und wissen es nicht. Die meisten Fesseln dieser Erde, und selbst die stärksten, nutzen sich mit der Zeit ab. Nur wenige zerreißen. Solche, denen Ferne, Verdruß, Übersättigung allmählich die Liebe schwächte, können niemals das Leid ahnen, das ein jäher Schlag auslöst. Das kälteste Herz blutet aus klaffender Wunde. Wer dann nicht Gefühl hat, ist kein Mensch. Von allen Wunden, die das Sterben uns vor unserem eigenen Ende schlägt, ist das die tiefste. Man muß weinend das Lächeln der treulosen Geliebten gesehen haben, um zu begreifen, was das heißt: »Sie liebt dich nicht mehr.« Man muß lange geweint haben, um sich daran zu erinnern. Bitter ist die Erfahrung. Und wollte ich versuchen, sie den Nichtwissenden begreiflich zu machen, so würde ich sagen: Ich weiß nicht, was grausamer ist: die Geliebte durch ihre Untreue oder durch ihren Tod plötzlich zu verlieren.

Frédéric konnte Gérards strengem Rat nichts entgegnen; aber ein Instinkt, stärker als die Vernunft, stritt dagegen. Er wählte einen anderen Weg, um zum Ziel zu gelangen. Er wollte um jeden Preis Nachricht von ihr, gleichgültig, zu welchem Ziel und zu welchem Zweck. Er besaß einen hübschen Ring, den Bernerette oft begehrlich angeschaut hatte. Trotz aller Liebe für sie, hatte er sich von ihm nicht trennen mögen, weil er von seinem Vater war. Ihn gab er dem Freund, sagte ihm, er gehöre Bernerette, und bat ihn, er möchte ihn gelegentlich zurückbringen, da sie ihn einmal vergessen habe. Gérard tat ihm gern den Gefallen, aber beeilte sich nicht sehr damit. Erst als Frédéric drängte, gab er nach.

An einem Morgen gingen die Freunde gemeinsam aus dem Haus. Während Gérard zu Bernerette ging, wartete Frédéric in den Tuilerien. Ziemlich traurig mischte er sich unter die Spaziergänger. Er trennte sich nicht ohne Bedauern von einem Familienandenken, das ihm teuer war. Und was erhoffte er von dem Opfer? Was könnte er erfahren, das ihn trösten würde? Gérard ging jetzt zu ihr, und wenn sie klagte oder weinte, würde er es ihm sagen? Frédéric schaute durch das Gartengitter und erwartete jeden Augenblick das gleichgültige Gesicht des Freundes. Doch was tat es? Jener würde sie gesehen haben, und unmöglich war es, daß er nichts zu sagen hätte. Wer weiß denn, wie der Zufall spielt? Er hatte vielleicht allerlei durch den Besuch erfahren. Je länger Gérard ausblieb, desto mehr hoffte Frédéric.

Der Himmel war wolkenlos. Die Bäume bedeckten sich mit erstem Grün. In den Tuilerien steht ein Baum, den man den »Baum des zwanzigsten März« nennt. Es ist eine Kastanie, die am Geburtstag des Königs von Rom voller Blüten gewesen sein soll und die jedes Jahr zur selben Zeit blüht. Frédéric hatte oft genug unter ihr gesessen; auch jetzt ging er zu ihr, aus alter Gewohnheit. Die Kastanie war ihrer poetischen Bestimmung treu geblieben. Frühjahrsduft breitete sich auf den Zweigen, Frauen, Kinder, junge Leute kamen und gingen. Alle Gesichter atmeten Frühlingslust. Frédéric dachte an die Zukunft, an seine Reise, an das Land, das er sehen sollte. Unruhe und Hoffnung fühlte er. Alles, was ihn umgab, rief ihn zu neuem Leben. Er dachte an den Vater, dem er Stolz und Stütze war und von dem er, solange er lebte, nur Gutes erfahren hatte. Nach und nach erfüllten ihn sanftere und schönere Gedanken. Die Menge, die sich vor ihm kreuzte, gemahnte ihn an die Vielfalt und Unbeständigkeit der Dinge. Und sind die vielen Menschen, von denen jeder einzelne seine Bestimmung trägt, nicht in Wahrheit ein seltsames Schauspiel? Gibt es ein gültigeres Gleichnis von unserem Wert und von dem, was wir in den Augen der Vorsehung bedeuten? »Zu leben gilt es und dem Höchsten zu gehorchen. Man muß vorwärts, selbst wenn man leidet. Denn niemand weiß, wohin er geht. Ich bin frei und noch jung. Ich will Mut fassen und zu verzichten lernen.«

Jetzt stürzte Gérard auf den Nachdenklichen. Er war bleich und sehr erregt.

»Mein Freund«, rief er, »wir müssen gehen! Schnell, wir haben keine Zeit zu verlieren.«

»Wohin führst du mich?«

»Zu ihr. Ich habe dir geraten, was ich für richtig hielt. Doch es geschieht, daß in der Rechnung ein Fehler und Klugheit nicht am Platze ist.«

»Was ist denn passiert?« schrie Frédéric.

»Du sollst es gleich wissen. Komm, eilen wir.« Sie liefen zu Bernerette.

»Geh allein hinauf«, sagte Gérard, »ich komme in einem Augenblick«; – und war schon fort.

Frédéric trat ein. Der Schlüssel steckte in der Tür. Die Läden waren geschlossen.

»Bernerette, wo bist du?«

Keine Antwort.

Er tastete sich vorwärts und sah beim Flackern eines

halberloschenen Feuers seine Freundin auf dem Boden neben dem Kamin.

»Was hast du nur? Was ist denn geschehen?« Die gleiche Stille.

Er nahm ihre Hand.

»So steh doch auf! Was tust du denn da?«

Doch kaum hatte er gesprochen, als er schaudernd zurücktaumelte. Die Hand, die er hielt, war eiskalt, und der Körper rollte leblos zu seinen Füßen.

Entsetzt rief er um Hilfe. Gérard trat ein, von einem Arzt gefolgt. Sie öffneten das Fenster und trugen Bernerette auf das Bett. Der Arzt untersuchte sie, schüttelte den Kopf und gab Verordnungen. Die Symptome waren eindeutig: das arme Kind hatte Gift genommen. Aber welches? Der Arzt wußte es nicht und riet vergeblich. Er ließ die Kranke zur Ader. Frédéric hielt sie in seinen Armen. Sie öffnete die Augen, erkannte ihn, küßte ihn. Dann wurde sie wieder bewußtlos. Am Abend gab man ihr eine Tasse Kaffee. Sie kam wieder zu sich, als wäre sie aus tiefem Schlaf erwacht. Man fragte sie, welches Gift sie genommen habe. Erst wollte sie nicht antworten: aber, durch den Arzt gedrängt, gestand sie. Ein kupferner Leuchter auf dem Kamin zeigte die Male vieler Feilenstöße. Sie hatte zu diesem entsetzlichen Mittel gegriffen, um die Wirkung einer schwachen Dosis Opium zu verstärken; denn der Apotheker, an den sie sich gewandt hatte, hatte sich geweigert, ihr mehr zu geben.

IX

Aber schon nach vierzehn Tagen war sie außer Gefahr. Sie stand auf und nahm auch einige Nahrung zu sich. Aber ihre Gesundheit war erschüttert, und der Arzt erklärte, daß sie immer leidend bleiben werde.

Frédéric hatte sie nicht verlassen. Er wußte noch immer nicht, warum sie in den Tod hatte gehen wollen, und er verwunderte sich, daß kein Mensch sich um sie kümmerte. In diesen vierzehn Tagen war weder ein Verwandter noch sonst jemand zu ihr gekommen. Wie war es möglich, daß der neue Liebhaber sie in solcher Lage verließ? Oder sollte dies gerade die Ursache ihrer Verzweiflung sein? Beides schien Frédéric wenig glaubhaft, und sie gab ihm zu verstehen, daß sie sich darüber nicht auslassen wolle. Ihm blieb grausamer Zweifel und heimliche Eifersucht, die durch Liebe und Mitleid gedämpft war.

In allen ihren Schmerzen zeigte ihm Bernerette zärtlichste Liebe. Sie war dankbar für seine Fürsorge und so lustig wie nie, wenn er bei ihr war; aber es war eine melancholische Fröhlichkeit und vom Leid verschleiert. Sie wollte ihn auf alle mögliche Art zerstreuen und bitten, sie nicht allein zu lassen. Wenn er gehen wollte, fragte sie ihn, wann er wiederkomme. Er mußte an ihrem Bette essen und ihre Hand halten, wenn sie einschlief. Sie erzählte ihm tausend Geschichten aus ihrem Leben, um ihn zu unterhalten. Aber sie blieb stumm, wenn die Gegenwart und die unheilvolle Tat zu besprechen waren. Keinem Fragen und keinem Bitten antwortete sie. Und wenn er drängte, wurde sie trübe und voll Kummer.

Eines Abends lag sie im Bett; sie war von neuem zur Ader gelassen worden. Die schlecht geschlossene Wunde blutete noch ein wenig. Lächelnd sah sie auf dem marmorweißen Arm die rote Träne.

»Liebst du mich noch?« fragte sie ihn. »Haben mich nicht alle diese Schrecken widerlich für dich gemacht?«

»Ich liebe dich, und nichts kann uns jetzt voneinander trennen.«

»Ist das wahr?« rief sie und küßte ihn. »Ist das wahr und nicht ein Traum?«

»Nein, es ist nicht ein Traum; nein, Liebe, Gute. Wir wollen ruhig leben und glücklich sein.«

»O Gott? Wir können es nicht! Wir können es nicht!« rief sie voller Angst. Dann sagte sie leise:

»Und wenn wir es nicht können, dann muß es noch einmal geschehen.«

Die letzten Worte, kaum geflüstert, hörte er doch. Es schauderte ihn. Am nächsten Tage wiederholte er sie Gérard.

»Mein Entschluß ist gefaßt. Ich weiß nicht, was mein Vater dazu sagen wird, aber ich liebe sie und lasse sie nicht sterben, was auch geschehe.«

Und er faßte in der Tat einen gefährlichen Entschluß, den einzigen, der sich ihm bot. Er schrieb seinem Vater und gestand ihm die Geschichte seiner Liebe. Aber er vergaß in dem Brief Bernerettes Untreue; er sprach nur von ihrer Schönheit und der Beharrlichkeit ihrer Liebe und von ihrem zärtlichen Eigensinn, ihn wiederzusehen; schließlich auch von ihrem schrecklichen Selbstmordversuch. Sein Vater, ein siebzigjähriger Greis, liebte den Sohn über alles. Er eilte in großer Hast nach Paris, begleitet von Fräulein Hombert, seiner Schwester, einer alten und sehr frommen Dame. Leider aber hatten weder der würdige Herr noch die gute Tante die Tugend der Verschwiegenheit; dergestalt, daß bald nach ihrer Ankunft alle Bekannten wußten, Frédéric sei wie toll in eine Grisette verliebt, die sich um seinetwillen habe vergiften wollen. Schnell fügte man auch hinzu, er wolle sie heiraten. Die Übelwollenden schrien Skandal und Familienschande. Fräulein Darcy erzählte unter dem Vorwand, ihn verteidigen zu wollen, und mit den phantasievollsten Ausschmückungen, was sie von Einzelheiten wußte. Frédéric, der das Gewitter beschwören wollte, sah es sich von allen Seiten über seinem Haupt zusammenballen.

Zuerst hatte er vor Eltern und versammelten Freunden zu erscheinen und eine Art Verhör über sich ergehen zu lassen. Nicht, daß man ihn schuldig sprach; im Gegenteil, man bezeugte ihm alle nur mögliche Duldsamkeit. Aber er mußte sein Herz entblößen und über das Heimlichste und Teuerste disputieren hören. Unnütz zu sagen, daß man nichts bestimmen konnte. Herr Hombert wollte Bernerette sehen. Er ging zu ihr, sprach mit ihr lange, stellte tausend Fragen, auf die sie so anmutige und kindliche Antworten wußte, daß sie den Greis rührten. Denn auch er hatte in der Jugend seine Liebeleien gehabt. Er kam von der Unterhaltung erschüttert und nachdenklich heim, ließ den Sohn kommen und sagte ihm, er habe ein kleines Opfer zu ihren Gunsten beschlossen, wenn sie verspräche, nach ihrer Genesung einen Beruf zu ergreifen. Frédéric sagte es der Freundin.

»Und du, was tust du?« fragte sie ihn. »Bleibst du oder gehst du?«

Er entgegnete, er würde bleiben. Aber das war nicht die Familienansicht. In diesem Punkt war Herr Hombert unbeugsam. Er veranschaulichte seinem Sohn die Gefahr, die Schande, die Unmöglichkeit einer solchen Verbindung. Er ließ ihn in wohlmeinenden und gemessenen Sätzen wissen, daß er seinen Ruf verlieren würde, seine Zukunft ruiniere. Und als er ihn zum Nachdenken gezwungen hatte, wandte er das unwiderstehlichste Argument väterlicher Allgewalt an: Er bat ihn. Und Frédéric versprach alles. Ihn hatte so vieles erschüttert, und so viel unterschiedliche Interessen hatten ihn aufgerührt, daß er nicht mehr wußte, wozu er sich entschließen sollte. Er sah von allen Seiten Unglück und wagte nicht mehr zu streiten, kaum noch zu wählen. Selbst Gérard, der sonst so Sichere, suchte vergeblich den Weg der Rettung. Und wußte nur zu sagen, er solle dem Schicksal seinen Lauf lassen.

Zwei unerwartete Geschehnisse wandelten die Dinge mit einem Schlag. Frédéric war eines Abends allein in seinem Zimmer. Da trat Bernerette ein. Sie war bleich, mit unordentlichen Haaren. Fieber brannte erschreckend in

Im Café. Die Trinkerinnen. 1877/78. Foto: AKG, Berlin.

ihren Augen. Ganz gegen ihre Art waren ihre Worte kurz und gebieterisch. Sie komme, um von ihm Aufklärung zu erhalten.

»Willst du mich töten?« rief sie. »Liebst du mich, oder liebst du mich nicht? Bist du noch ein Kind? Mußt du andere haben, die für dich handeln? Bist du verrückt, deinen Vater zu fragen, ob du deine Geliebte behalten darfst? Was wollen denn alle diese Leute? Uns trennen. Willst du wie sie, brauchst du nicht ihren Rat, und willst du es nicht, dann brauchst du ihn um so weniger. Wirst du reisen? Dann nimm mich mit. Ich werde niemals einen Beruf ergreifen und niemals zum Theater zurückkehren. Wie könnte ich es in meiner Lage? Ich leide zu sehr, um warten zu können. Entscheide dich.«

So sprach sie fast eine Stunde lang und unterbrach ihn, wenn er antworten wollte. Er versuchte vergebens, sie zu beruhigen. Eine so gesteigerte Erregung wich keinen Vernunftsgründen. Dann aber, vor Erschöpfung müde, brach sie in Tränen aus. Er riß sie in die Arme. Dieser Liebe konnte er nicht widerstehen. Er trug sie auf das Bett.

»Bleibe ruhig dort«, sprach er. »Der Himmel soll mich vernichten, wenn ich mich von dir fortreißen lasse. Ich will nichts mehr hören, nichts sehen als nur dich. Du wirfst mir meine Feigheit vor. Du hast recht. Aber ich will handeln, du wirst es sehen. Wenn mein Vater mich verstößt, folgst du mir. Gott hat mir Armut gegeben, so werden wir arm leben. Was Namen, was Familie, was Zukunft! Ich kümmere mich um nichts.«

Seine Worte, gesprochen mit allem Feuer der Überzeugung, trösteten sie. Sie bat ihn, zu Fuß mit ihr nach Hause zu gehen. Sie sei wohl müde, aber sie wolle Luft. Auf dem Wege verabredeten sie, wie sie sich verhalten wollten. Frédéric solle so tun, als gehorche er den Wünschen des Vaters, aber er solle ihm klarmachen, daß es mit so wenig Vermögen nicht möglich sei, die diplomatische Laufbahn einzuschlagen. Deshalb wolle er lieber seine Referendarausbildung beenden. Herr Hombert würde wahrscheinlich ja sagen, unter der Bedingung, daß er seine törichte Leidenschaft vergesse. Bernerette solle ihrerseits die Wohnung wechseln. Dann würde man glauben, sie sei fortgefahren. Sie würde ein kleines Zimmer in der Rue de la Harpe oder in der Nähe mieten, und dort würden sie so sparsam leben, daß sie alle beide mit seinen Einkünften auskämen. Sowie dann sein Vater nach Besançon zurückgereist sei, würde er zu ihr ziehen und mit ihr zusammen leben. Für das übrige würde Gott schon sorgen. Das war der Plan der beiden armen Liebenden, und wie immer in solchen Fällen glaubten sie fest an seinen Erfolg.

Zwei Tage später ging Frédéric nach einer schlaflosen Nacht schon um sechs Uhr früh zu ihr. Eine Unterredung mit dem Vater hatte ihn sehr erregt. Man trieb ihn zur Berner Reise. Er wollte Bernerette umarmen, um bei ihr wieder Mut zu bekommen. Das Zimmer war verlassen und das Bett unberührt. Er fragte die Hausmeisterin und erfuhr nur allzu gewiß, daß sie ihn mit einem andern betrog.

Dieses Mal fühlte er weniger Schmerz als Zorn. Ihr Verrat war zu groß, als daß nicht Verachtung über die Liebe siegte. Zu Hause schrieb er ihr einen langen Brief und überhäufte sie mit bittersten Vorwürfen. Doch in dem Moment, da er ihn abschicken wollte, zerriß er ihn. Ein so erbärmliches Wesen war seines Zornes nicht wert. Er beschloß, so rasch wie möglich abzureisen. Für den folgenden Tag war ein Platz in der Post nach Straßburg frei. Er belegte ihn und eilte zu seinem Vater. Die ganze Familie beglückwünschte ihn, war aber klug genug, ihn nicht zu fragen, was ihn so schnell bestimmte. Nur Gérard wußte die Wahrheit. Fräulein Darcy erklärte, das sei jämmerlich;

Männer hätten nun mal kein Herz. Fräulein Hombert vermehrte die kleine Reisekasse des Neffen um ihre Ersparnisse. Ein Abschiedsessen vereinigte noch einmal die ganze Familie. Dann reiste Frédéric in die Schweiz.

X

Die Reise mit ihren Freuden und Beschwerden, der Reiz der Veränderung und seine neue Tätigkeit beruhigten ihn bald. Nur noch schaudernd dachte er an die verhängnisvolle Leidenschaft, die ihn fast ins Verderben gebracht hatte. In der Gesandtschaft fand er freundlichsten Empfang. Er hatte gute Empfehlungen und ein ansprechendes Äußeres. Natürliche Bescheidenheit steigerte den Wert seiner Begabung und ließen sie nur noch stärker hervortreten. Sehr bald nahm er in der Gesellschaft eine geachtete Stellung ein. Vor ihm lag eine reiche Zukunft.

Bernerette schrieb ihm mehrere Male. Sie fragte ihn unbekümmert, ob er allen Ernstes abgereist sei und ob er bald wiederzukommen gedenke. Zuerst antwortete er überhaupt nicht; aber als die Briefe häufiger und immer dringender wurden, verlor er die Geduld. Er antwortete und schüttete sein Herz aus. Er fragte sie mit den bittersten Worten, ob sie den zweifachen Verrat vergessen habe. Er bat sie, sich künftighin ihre erheuchelten Verwahrungen zu ersparen, von denen er sich nicht mehr täuschen lassen werde. Im übrigen segne er die Vorsehung, daß sie ihn zur rechten Zeit aufgeklärt habe. Sein Entschluß sei unwiderruflich. Er werde wahrscheinlich Frankreich erst nach einem langen Aufenthalt in der Fremde wiedersehen. Als dieser Brief abgeschickt war, fühlte er sich freier und von der Vergangenheit ganz erlöst. Bernerette schrieb ihm nicht mehr. Sie blieb verschollen.

Eine recht wohlhabende englische Familie bewohnte

ein hübsches Haus in der Berner Umgegend. Frédéric wurde dort eingeführt. Drei Töchter, von denen die Älteste noch kaum zwanzig Jahre zählte, empfingen den Gast. Die Älteste war von bemerkenswerter Schönheit. Sie fühlte bald, daß sie auf den jungen Attaché Eindruck mache, und zeigte sich dafür nicht unempfindlich. Er war zwar noch nicht so weit, daß er sich hätte einer neuen Liebe hingeben können; aber er empfand nach so viel Aufregung und Leid das Bedürfnis, sein Herz für ein ruhiges und reines Gefühl zu öffnen. Die schöne Fanny wurde nicht seine Vertraute wie Fräulein Darcy; allein sie ahnte, ohne von seinem Leid zu wissen, daß er gelitten hatte. Ihre blauen Augen schienen ihn trösten zu können, und sie ließ sie oft auf ihm ruhen.

Wohlwollen führt zur Sympathie und Sympathie zur Liebe. Nach drei Monaten war die Liebe noch nicht gekommen, aber sie war nahe. Ein Mann von dem zarten und mitteilsamen Charakter Frédérics konnte nur dort fest sein, wo er auch Vertrauen haben konnte. Gérard hatte sehr recht, als er ihm damals sagte, er würde Bernerette länger lieben, als er es je glaubte. Aber dazu hätte sie ihn wiederlieben oder wenigstens so tun müssen. Wenn schwache Herzen sich empören, dann geht es um ihr Leben. Sie müssen brechen oder vergessen; denn sie haben nicht die Kraft, schmerzlicher Erinnerung treu zu sein. Frédéric gewöhnte sich von Tag zu Tag mehr an den Gedanken, nur für Fanny zu leben. Und bald redete man von der Hochzeit. Er hatte nicht viel Geld, aber eine gesicherte Stellung und einflußreiche Protektion. Die Liebe, die das Hindernis verachtet, sprach für ihn. Es wurde beschlossen, dem französischen Hof ein Gesuch einzureichen. Sobald Frédéric zum zweiten Sekretär ernannt sei, sollten sie heiraten.

Endlich kam der glückliche Tag. Die Neuvermählten hatten sich erhoben. Er legte trunken vor Glück die Arme um sie. Das Knistern des Feuers und eine aufzüngelnde Flamme schreckten ihn, der dicht am Kamin saß, auf. Durch ein wundersames Spiel der Erinnerung vergegenwärtigte er sich plötzlich jenen Tag, da er das erste Mal so mit Bernerette saß, nahe dem Kamin und in einem kleinen Zimmer. Ich überlasse den Kommentar dieses seltsamen Zufalls jenen, die sich in der Vorstellung gefallen, der Mensch fühle sein Schicksal voraus. In diesem Augenblick empfing Frédéric einen in Paris abgestempelten Brief von Bernerette, in dem sie ihm ihren Tod ankündigte. Seine Überraschung und sein Schmerz waren unsäglich. Ich will mich begnügen, dem Leser das Lebewohl des armen Kindes zu sagen. Man wird hier in wenigen Zeilen, geschrieben in jenem für Bernerette typischen Stil, der fröhlich und traurig zugleich war, die Erklärung für ihr Betragen finden:

»Ach, Frédéric, Du wußtest wohl, es war nur ein Traum. Wir konnten nicht ruhig leben und glücklich sein. Ich wollte von hier fort; da besuchte mich ein junger Mensch, den ich in der Provinz zur Zeit meines Ruhmes kennengelernt hatte. In Bordeaux verliebte er sich in mich. Ich weiß nicht, woher er meine Adresse hatte. Er kam und warf sich mir zu Füßen, als wäre ich noch ein Theaterstern. Er bot mir sein Vermögen an, was nicht viel, und sein Herz, was gar nichts bedeutete. Das war an jenem Tag, mein Freund, Du erinnerst Dich! Du hattest mich verlassen und mir wieder gesagt, daß Du abreisen wolltest. Ich war nicht allzu lustig, Teurer, und ich wußte nicht recht, wohin ich gehen sollte zum Essen. Ich ließ mich mitschleppen. Leider habe ich es nicht aushalten können. Ich schickte nach meinen Morgenschuhen, die ich zu ihm hatte hintragen lassen, und beschloß zu sterben.

Ja, Du Guter, ich wollte Dich verlassen. Obwohl ich nicht leben könnte in der Leere, war ich beim zweitenmal dazu entschlossen. Aber Dein Vater kam noch einmal zu mir; davon hast Du nichts gewußt. Was sollte ich ihm sagen? Ich versprach ihm, Dich zu vergessen, und kehrte zu meinem Liebhaber zurück. O Gott! Wie war das langweilig! Ist es mein Fehler, daß mir alle Männer häßlich und dumm scheinen, seitdem ich Dich liebe? Und doch kann ich nicht von der Luft leben. Was sollte ich tun? Sag es mir.

Ich töte mich nicht, mein Freund, ich beende nur mein Schicksal. Es ist kein großer Mord, den ich begehe. Meine Gesundheit ist jämmerlich und für immer hin. Das alles wäre nichts, hätte ich nicht den Kummer. Man sagt, Du verheiratest Dich. Ist sie schön? Lebewohl! Lebewohl! Erinnere Dich, wenn schönes Wetter ist, an den Tag, da Du deine Blumen begossest. Oh, wie schnell ich Dich lieb hatte! Als ich Dich sah, da war es in mir wie ein Schlag, ein Bleichwerden. Ich war sehr glücklich mit Dir. Adieu!

Hätte es Dein Vater gewollt, wir brauchten uns niemals zu trennen. Aber Du hattest kein Geld, das ist das Unglück, und auch ich nicht. Wäre ich zu einer Näherin gegangen, ich wäre nicht geblieben. Also was willst Du? Zweimal versuchte ich, wieder anzufangen; nichts glückte mir.

Glaube mir, es ist keine Torheit, daß ich sterben will. Ich habe meinen Verstand. Meine Eltern – Gott verzeihe ihnen – kamen noch einmal zu mir. Wenn Du wüßtest, was sie aus mir machen wollten! Oh, es ist widerlich, ein Spielball des Elends zu sein und hin- und hergeworfen zu werden. Wenn wir damals, als wir uns liebten, nur sparsamer gewesen wären, wäre es besser gegangen. Aber Du wolltest, daß wir ins Theater gehen und uns vergnügen. Was waren es für glückliche Abende in der Chaumière!

Adieu, Du Lieber, zum letztenmal, adieu! Würde ich mich besser fühlen, ich wäre wieder ans Theater gegangen. Doch ich kann ja kaum mehr atmen. Wirf Dir niemals meinen Tod vor. Ich weiß wohl, hättest Du es gekonnt, es wäre nicht so weit gekommen. Nur ich, ich ahnte es und wagte nicht zu reden. Ich sah alles kommen, aber ich wollte Dich nicht quälen.

Es ist eine traurige Nacht, da ich Dir schreibe, viel trauriger, glaube mir, als jene, da Du vergeblich läutetest und mich nicht fandest. Ich hatte nie geglaubt, daß Du eifersüchtig bist. Als ich von Deinem Zorn erfuhr, war mir das Pein und Lust zugleich. Warum hast Du nicht gewartet? Du hättest mein Gesicht gesehen, als ich von meinem Abenteuer nach Hause kam. Doch das ist ja gleich; Du liebtest mich mehr, als Du es sagtest.

Ich möchte aufhören, aber ich kann nicht. Ich klammere mich an dieses Blatt Papier wie an einen Rest Leben. Ich dränge meine Zeilen aneinander. Ich möchte alles sammeln, was ich noch an Kraft habe, und es Dir schicken. Nein, Du kanntest mein Herz nicht. Du liebtest mich, weil Du gut bist. Du kamst aus Mitleid und ein wenig auch zu Deinem Vergnügen. Wäre ich reich gewesen, dann hättest Du mich nicht verlassen. Sieh, das sage ich mir, und das ist das einzige, was mir Mut gibt. Lebewohl!

Möge mein Vater niemals das Unglück bereuen, das er verschuldete! Was würde ich jetzt darum geben, irgend etwas zu können, mir das tägliche Brot zu verdienen! Nun ist es zu spät. Könnte man als Kind sein Leben in einem Spiegel sehen, dann würde ich nicht so enden, und Du hättest mich noch lieb. Vielleicht auch nicht, denn Du willst Dich ja verheiraten.

Warum hast Du mir einen so harten Brief geschrieben? Dein Vater drängte zur Reise, und Du wolltest fahren; so glaubte ich nichts Schlechtes zu tun, wenn ich einen anderen nahm. Niemals erlebte ich etwas Ähnliches, und niemals habe ich ein so drolliges Gesicht gesehen wie seines, als ich ihm erklärte, daß ich wieder nach Hause ginge.

Henri de Toulouse-Lautrec, *Messaline*, 1900. Foto: AKG, Berlin.

Dein Brief nahm mir jeden Trost. Zwei Tage lang saß ich im Winkel am Feuer, konnte nichts sagen und mich nicht rühren. Ich bin ein Unglückskind, mein Freund. Du würdest es kaum glauben, wie schlecht der liebe Gott mich in den armseligen zwanzig Jahren meines Lebens behandelte. Es ist wirklich sonderbar. Als ich Kind war, schlug man mich, und wenn ich weinte, schickte man mich hinaus. ›Sieh nach, ob es regnet‹ sagte dann mein Vater. Mit zwölf Jahren mußte ich Bretter hobeln, und als ich Weib wurde, verfolgte man mich. Mein Leben verging mit dem Versuch zu leben. Und jetzt am Schluß muß ich sehen, daß nur der Tod übrigbleibt.

Gott segne Dich, der Du mir die einzigen, einzigen Tage Glück gegeben hast. Da konnte ich atmen, atmen. Gott wird es Dir vergelten. Du sollst glücklich und frei sein, mein Freund! Man soll Dich lieben, wie Dich Deine sterbende, Deine arme Bernerette liebt!

Sei nicht traurig, alles geht zu Ende. Erinnerst Du Dich an die deutsche Tragödie, die Du mir an einem Abend vorlasest? Der Held fragt: ›Was rufen wir im Tode?‹ – ›Freiheit!‹ antwortet der kleine Georg. Du weintest, als Du das Wort lasest. So weine! Es ist der letzte Ruf Deiner Freundin.

Die Armen sterben ohne Testament. Ich schicke Dir eine Haarlocke. Als sie mir an einem Tag der Friseur mit seinem Eisen verbrannte, wolltest Du ihn prügeln. Du wolltest meine Haare nicht ansengen lassen. Du wirst diese Locke auch nicht ins Feuer werfen.

Lebewohl, noch einmal: Lebewohl für immer.

Deine Freundin Bernerette.«

Man sagt, Frédéric habe wegen dieses Briefes versucht, Hand an sich zu legen. Ich will darüber nicht sprechen. Gleichgültige finden solche Handlungen lächerlich, wenn man sie überlebt. Der Welt Urteil ist traurig. Man lacht über den, der zu sterben versucht, und vergißt den Toten.

DIE LIEBE DES KLEINEN HIOB UND DER SCHÖNEN BLANDINE

I

In der Stadt stand eine schöne Kirche, die ein jeder bewunderte. Über dieser Kirche erhob sich ein schöner Glockenturm, in diesem schönen Glockenturm befand sich eine schöne wohlklingende Glocke, diese schöne Glocke wiederum hatte einen reizenden Glöckner, und der hieß der kleine Hiob.

Wenn ihr denn unbedingt wissen wollt, warum er der kleine Hiob genannt wurde, so laßt mich euch erzählen, daß er an einem recht kalten Februarmorgen mitten auf dem Platz vor der Kirche, auf einem halben Bündel Stroh liegend und notdürftig in ärmliche Windeln gewickelt, von einem der guten Priester gefunden wurde, die den Gottesdienst an der besagten Kirche versahen, und das just in dem Augenblick, als dieser gute Priester sich anschickte, wie an jedem Morgen die heilige Messe zu lesen.

Als der barmherzige Geistliche dieses kleine fast nackte und schon halberfrorene Kind erblickte, bückte er sich, um es aufzuheben, wärmte es in seiner Soutane und vertraute es dann einem Küster an, der ein guter redlicher Mann war. Danach las er wie gewöhnlich seine Messe, fügte indessen seinen Gebeten noch eines hinzu, inbrünstiger als alle anderen, ein Gebet für das Waisenkind, das der Himmel ihm soeben gesandt hatte.

Nachdem er die Messe gelesen hatte, begab sich der ehrwürdige Mann in die Sakristei; zwischen dem Küster und ihm wurden Abmachungen getroffen, die zur Folge hatten, daß der kleine Hiob, der noch eine halbe Stunde vorher nichts außer einem halben Bündel Stroh besessen hatte, jetzt glücklicherweise gleich zwei Wohltäter gefunden hatte, zunächst einmal den Geistlichen und dann den

Küster, und dazu auch noch ein Haus, das Haus vom lieben Gott, eine wunderschöne Kirche.

Und als er getauft wurde, gaben sie ihm den Namen Hiob zur Erinnerung an das Stroh, auf dem er gefunden worden war.

II

Der kleine Hiob wohnte bei dem Küster in einem Häuschen, das am Fuß des Turmes stand, der zur großen Uhr hinaufführte. Als er schon etwas älter war, durfte er in der Kirche mithelfen; er fegte die Sakristei aus, er putzte die Leuchter, füllte die Weihwasserbecken auf und diente, wenn es notwendig war, auch bei der Messe. Doch am besten und mit höchster Freude erledigte er alles, was mit der Bedienung der Turmuhr zusammenhing: deshalb war er auch bei dem alten Glöckner besonders gut angeschrieben.

Ich muß noch etwas über diese wegen ihrer großen Schönheit weithin berühmte Turmuhr sagen, zu der die Leute aus einem Umkreis von hundert Meilen und mehr kamen, um sie zu besichtigen.

Wie alle Turmuhren bestand sie aus einem höchst komplizierten Räderwerk und zeigte die wahre Sonnenzeit und die mittlere Sonnenzeit mit einer Genauigkeit an, die selbst der Sonne Ehre gemacht haben würde. Doch hätte dieses Meisterwerk, eingeschlossen in seinem Glockenturm, die Jahrhunderte wohl überdauern können, wenn von dem geschickten Handwerker, ihrem Erbauer, nicht noch etwas hinzugefügt worden wäre, das die Augen zahlloser Menschen verzaubern sollte. Ich will weder auf die zwölf Apostel noch auf die vollständige Passionsgeschichte eingehen, die dort dargestellt waren, sondern ich werde nur so viel sagen, daß sich unter dem Zifferblatt der Turmuhr genau gegenüber der aufgehenden

Sonne eine in den Stein gehauene Nische befand, die zwei reich vergoldete und ziselierte Türflügel hermetisch verschlossen.

In dieser Nische wohnte eine liebreizende kleine Frau, etwa drei oder vier Ellen groß, und sie lebte dort, seit die Turmuhr an ihrem Platz eingemauert worden war.

III

Sie hieß Blandine. Diesen Namen hatte man ihr gegeben, weil sie so weiß war, weil sie so sanft war und vor allem weil sie so anmutig war.

Eine halbe Minute vor der vollen Stunde öffnete Blandine eigenhändig die beiden Flügel der Türe zu ihrer kleinen Wohnung, sie trat beherzt auf die Plattform heraus, grüßte die vier Erdteile und schaute dann, in der einen Hand ein Tympanon und in der anderen einen kleinen Hammer aus edlem funkelnden Stahl haltend, zum Himmel empor, so als erwarte sie die Befehle der Sonne; darauf begann sie, in regelmäßigen Abständen die Stunde zu schlagen. Danach steckte sie das Tympanon und den Hammer in ihre Tasche, ergriff eine Viola d'amore, die sie an einer schönen Schnur aus Gold und Seide um den Hals trug, und entlockte diesem Instrument wenigstens zwei Minuten lang so himmlische und so sanfte Töne, daß man hätte glauben können, die Heilige Cäcilie sei wieder auferstanden.

Es wurde auch behauptet, womöglich sei in der Stadt, deren Bewohnern man nachsagte, sie seien fast alle gut und menschlich, nie ein Verbrechen begangen worden, und das wiederum schrieb man dieser kurzen sanften Musik zu, die regelmäßig von Stunde zu Stunde erklang und den Menschen nur rechtschaffene und ehrliche Gedanken einflößte.

Nachdem Blandine ihre Serenade gespielt hatte, ließ

sie ihre Viola wieder fallen, grüßte noch einmal, und zwar in einer unübertrefflich feinen Weise, und begab sich zurück in ihre Zelle, deren Türflügel sie wieder sorgfältig verschloß. Nun blieb sie für eine Stunde unsichtbar, und das war eine sehr lange Zeit, denn man wäre nie müde geworden, sie anzuschauen und ihr zuzuhören, war sie doch eine so bezaubernde und besonders begabte Musikerin.

Diejenigen, die das Wunderbare liebten – und warum sollte es denn ein Unrecht sein, das Wunderbare zu lieben? –, jene also sagten, sie sei nicht, was sie zu sein scheine, eine einfache Figur aus Holz; sie erzählten vielmehr, sie sei die Geliebte, die Herzallerliebste des Meisters gewesen zu der Zeit, da dieser die Turmuhr anfertigte; und als sie eines Tages seine Verzweiflung darüber bemerkte, daß er dieser mit so viel Kunstfertigkeit geschnitzten kleinen Figur, welche die Stunden schlagen sollte, kein Leben und keine Bewegung einzugeben vermochte, habe sie ihren Anteil am Paradies dem Teufel verkauft, auf daß ihr gestattet werde, das Werk ihres Geliebten mit ihrer Seele zu beleben, damit sein Name über und über mit Ruhm bedeckt auf die Nachwelt gelange, weil er ein so wunderbares Werk geschaffen hatte.

Doch es wird so viel erzählt, und man soll nicht alles glauben. Irgendwie aber war diese Geschichte wiederum doch glaubwürdig, denn es war wohl bekannt, daß die Geliebte des Uhrmachers Blandine geheißen hatte, genau wie die Statue, und dann vor allem auch weil die kleine Blandine aus Holz an bestimmten Tagen allen Ernstes ein lebendiges Wesen zu sein schien.

Dann war ihre Gestalt noch strahlender, ihr Lächeln noch süßer, und die Töne ihrer Viola klangen noch lieblicher und melodiöser.

Und so waren solche Tage stets Feiertage im Lande, und wenn die Bürger der Stadt vormittags auf dem Platz vor der Kathedrale spazierengingen, sagten sie: »Wir werden heute einen guten Tag haben, Blandine ist gut aufgelegt, ihre Augen sind noch blauer als gewöhnlich, und sie hat noch besser gespielt als sonst.«

Die Älteren unter ihnen hatten festgestellt, daß herannahendes schönes Wetter großen Einfluß auf den recht eigenwilligen Charakter Blandines hatte und daß ihre launigen Einfälle, wie bei fast allen hübschen Frauen, einen spielerisch kindhaften Grund hatten, ich sage spielerisch, doch spielerisch nur dem Anschein nach, denn in dieser leichten Welt ist im Grunde alles ernster Natur.

IV

Das ist genug, vielleicht schon zu viel über Blandine; wenden wir uns bitte wieder dem kleinen Hiob zu. Seitdem er alt genug war, um zu lieben – und Unglückliche ereilt dieses Alter sehr früh –, liebte er Blandine mit solcher Zuneigung, daß er stets seine Arbeit und sogar seine Spiele unterbrach, nur um sie anzuschauen, wenn sie auf der Plattform erschien, und ein einziger Akkord auf der Viola d'amore genügte, ihn mitten im heftigsten kindlichen Wutanfall zu beruhigen; er wurde sanft und geduldig wie ein Heiliger, nicht nur wie ein Heiliger aus Fleisch und Bein, nein wie einer der Heiligen aus Stein in den Säulengängen der Kathedrale.

Es versteht sich von selbst, daß die Liebe des kleinen Hiob für Blandine mit dem Alter zunahm und sich bald zu einer großen Leidenschaft auswuchs, zu einer jener Leidenschaften, die kein Ende haben können, weil sie, wie es scheint, überhaupt keinen Anfang gehabt haben.

Vielleicht meint ihr gar, Hiob sei nur ein einziges Mal untröstlich gewesen bei dem Gedanken, daß er eine kleine Frau aus Holz, eine Statue liebte! Schön und gut! Aber gibt es denn für Verliebte überhaupt Statuen? Und wäre

Blandine aus Marmor, ja aus Eisen gewesen, hätte sie weder die Arme noch die Beine und auch nicht die Augen bewegen können, hätte sie nicht laufen und nicht lächeln können, hätte sie schließlich weder die Reize noch die Regungen gehabt, die ihr eigen waren, der gute Hiob hätte sie gleichwohl geliebt, und es wäre ihm deshalb nicht im entferntesten in den Sinn gekommen, daß in diesem allerliebsten Geschöpf womöglich nicht mehr Herz, Seele und göttlicher Odem sein könnten als in jeder anderen Puppe auch. Was liegt schon daran, wenn es gilt zu lieben, wen man liebt und wie man liebt, Hauptsache ist doch, daß man liebt.

Und so beschloß er ganz einfach, sein ganzes Leben bei ihr zu verbringen.

V

Mittlerweile starb der alte Glöckner. Das war ein großes Unglück für Hiob, denn er kam auf den Gedanken, den Geistlichen, der inzwischen Pfarrer geworden war, inständig zu bitten, ihm die Stelle des Verstorbenen zu übertragen, wobei er als Grund anführte, er brauche sich dann weder von seinen Wohltätern noch von seiner geliebten Kirche zu trennen; Blandine jedoch, auch wenn er dabei einzig und allein an sie dachte, erwähnte er mit keinem Wort; das zeigt, wie sehr er sie liebte; denn wahre Liebe ist ihrem Wesen nach verschwiegen und sogar stumm.

Aber der Tod des Glöckners, so könnte man meinen, war doch wohl das Unglück dessen, der starb. Worin lag denn das Unglück für Hiob? Da er Blandine liebte, war da nicht alles, was dazu angetan schien, ihn ihr näher zu bringen, als ein großes Glück für ihn anzusehen? Oder wollte etwa jemand behaupten, man solle fliehen, was man liebt?

Gustave Courbet, *Portrait von Jo,* 1865. Foto: AKG, Berlin.

Was dies anlangt, so könnte der Fortgang dieser Geschichte uns das lehren. Was mich betrifft, so werde ich mich hüten, in einem solchen Fall meine Meinung zu äußern.

Oder könnte man nicht auch sagen, wie kommt es denn, daß Hiob für Blandine eine so heftige Liebe empfand und auf den Gedanken verfiel, ihr sein Leben zu widmen? Für gewöhnlich will Liebe geteilt werden, und auch die aufrichtigste Liebe lebt allein davon, daß sie erwidert wird. Empfand denn die kleine Glöcknerin, die kleine Violaspielerin so etwas wie Liebe für Hiob?

Das wahrlich ist eine wichtige Frage, und dennoch war es lange Zeit einfach unmöglich, darauf eine Antwort zu geben. Gleichwohl müssen wir hier festhalten, daß man recht leichtgläubig ist, wenn man liebt, und Hiob war mehr als einmal so vermessen zu glauben, das Herz von Blandine, dieses Herz aus Holz, antworte seinem Herzen; und wenn sie auf ihrer Viola einige ihrer ergreifendsten Melodien spielte und ihn dabei lange anschaute mit einem Blick voll zärtlichster Ermunterung, so war er hundert-, ja tausendmal im Begriff gewesen, auf die Plattform hinaufzusteigen, sich ihr zu Füßen zu werfen und zu schwören, er werde sie lieben im Leben und im Tod. Doch hundert-, tausendmal war er einfach stehen geblieben in der Hoffnung, sie werde es erraten und ihm dann vielleicht helfen zu reden oder – warum auch nicht? – sich herablassen, als erste zu sprechen, oder gar zu glauben, sie könnten sich ohne Worte verstehen, was ihm am liebsten gewesen wäre, da Worte meist alles verderben.

VI

Der Tag der Amtseinführung Hiobs als Glöckner kam, und er wurde mit großem Prunk über die steile Wendeltreppe hinauf bis zur Tür des Glockenturms geleitet, wo ihm feierlich die Schlüssel zum Turm übergeben wurden. Seine neue Aufgabe bestand darin, auf der mächtigen Glocke alle Stundenschläge zu wiederholen, die von Blandine geschlagen wurden, und es durfte ihm dabei um keinen Preis ein Fehler unterlaufen.

In der Tat, was hätte sich wohl zugetragen, wenn die gesamte kleine Stadt um eine Stunde betrogen worden wäre! Mit Sicherheit wäre das Universum in Unordnung geraten.

Hiob versprach und schwor alles, was von ihm verlangt wurde, und niemand zweifelte an seinem Eifer und an seiner Gewissenhaftigkeit, weil ihn alle als durch und durch zuverlässig kannten. Und dann ließen sie ihn allein zurück.

Von dem Platz aus, auf dem er stehenbleiben mußte, um zur vollen Stunde zu läuten – und dieser Platz befand sich genau dem von Blandine gegenüber –, hörte Hiob bald das leise, trockene Geräusch, das jedesmal entstand, wenn die Türflügel ihrer Zelle sich auftaten, und gleich darauf das silberne Klingen des Tympanons. Es war zwölf Uhr mittags.

Euch seinen Schmerz zu schildern, als er gleich bei den ersten Schlägen erkannte, daß die Pflichten seines Amtes von ihm verlangten, seiner geliebten Blandine den Rücken zuzukehren, ja das ist mir einfach unmöglich. Es hätte nicht viel gefehlt, und er hätte den ihm anvertrauten Posten verlassen, aber die Ehre, die in einem redlichen Herzen noch stärker ist als die Liebe, fesselte ihn an seine Glocke; also fügte er sich darein und wartete, bis der letzte Schlag ertönte, um dann die zwölf Schläge zu wiederholen, die ihm wie hunderttausend vorkamen und nie aufzuhören schienen.

Sie hörten dennoch auf, und Hiob begann, die Glocke zu läuten wie ein völlig Verzweifelter, und das so heftig, daß man hätte meinen können, er wolle die Glocke dafür strafen, daß sie ihn von derjenigen getrennt hatte, die er liebte.

VII

Jeder Zorn weckt den bösen Geist. Bei diesen ungewohnten Klängen, die im alten Glockenturm erschallten und ihn bis ins Fundament erschütterten, schreckten die Nachtvögel, die ihn bewohnten, jäh auf und umflatterten den unerfahrenen Glöckner, streiften dabei seine schönen blonden Haare mit ihren großen schwarzen Flügeln; sie flogen hin und her und umkreisten ihn, als wollten sie ihn verhöhnen und verspotten ob seines Schmerzes, der in diesem Augenblick doch so groß war.

Zuletzt hörte aller Lärm wieder auf: Die Eulen, die Käuzchen, die Uhus und all die anderen Nachtvögel flogen davon, die zwölf Schläge zerrannen in die Vergangenheit, und die Zeit lief von neuem auf die nächste Stunde zu.

VIII

Glauben denn die Liebenden, die Liebe sei ohne Grund zu allen Zeiten mit einer Binde vor den Augen dargestellt worden? Werden sie nie begreifen, daß nichts, ja nicht einmal das, was man liebt, beim zu nahen Hinschauen gewinnt und daß man klug und weise… aber würde man lieben, wäre man klug und weise?… Hiob, endlich frei und rasend vor Ungeduld, verließ seine Glocke und kletterte zur Plattform hinauf, so hoch es ging, selbst auf die Gefahr hin, sich den Hals zu brechen. Er hatte nur noch einen Gedanken, er wollte Blandine wiedersehen.

Aber so flink er auch gewesen sein mochte, sie war doch noch schneller, und als er ankam, war es zu spät! Sie war schon wieder in ihr Haus zurückgekehrt.

Er mußte warten, noch eine Stunde warten. Versteht man zu warten, wenn man verliebt ist? Wie viele aber warten, die für immer warten werden! Es mußte sein, also wartete Hiob; und nicht nur eine Stunde, sondern zwei, ja drei und gar vier, kurzum mehr und immer mehr, so daß er diesen Tag zubrachte zwischen seiner Pflicht, die ihn jede Stunde zu seiner Glocke zurückrief, und seiner Liebe, die ihn wieder zu Blandine führte, und die Hoffnung wurde schwächer und schwächer! Denn was er auch unternehmen mochte, eine Stunde folgte auf die andere, ohne daß es ihm gelungen wäre, Blandine zu erblicken.

Er wäre fast wahnsinnig geworden. Das arme Kind hatte wirklich einen Augenblick lang den Gedanken, an die Türe seiner Geliebten zu klopfen, doch Hiob wagte es nicht.

Er wagte es nicht, solange es Tag war! Doch endlich kam die Nacht! Die Nacht, die den Liebenden zugetan ist und auf die er deshalb mit Recht zählen konnte.

Als Mitternacht vorüber war, näherte sich Hiob, zitternd und doch fest entschlossen, lautlos der kleinen Zelle. Ach! Wie schlug doch sein Herz! und die …

Doch für dieses Mal war das alles, was er zu tun vermochte, und da er meinte, vor dieser ständig verschlossenen Türe sterben zu müssen, kehrte er zurück, wie er gekommen war, und verschob es auf den folgenden Tag, nicht etwa noch verliebter, wohl aber tapferer zu sein.

Ihr, die ihr über Hiob und seine Zaghaftigkeit lachen mögt, ihr hättet es nicht besser gemacht als er, oder aber ihr habt noch nie zum ersten Mal an eine Türe klopfen müssen, die sich ebenso gut nicht hätte auftun können.

Am anderen Tag zur gleichen Stunde, ich habe den Mut, das zu schreiben, unternahm Hiob nicht mehr als am Vorabend. Erst am übernächsten Tag fand er die Entschlußkraft, die ihm bis dahin gefehlt hatte. Um sich von allem Nachdenken zu befreien, lief er schnurstracks auf die Türe zu, und mit einer vor Angst und Liebe heftig bebenden Stimme gelang es ihm schließlich, dreimal zu rufen: »Blandine! Blandine! Blandine!«

IX

Tatsache ist, nichts antwortete ihm, nur ein klagendes Seufzen; doch dieses Seufzen war so sanft und klang so zärtlich, daß auch der Schüchternste sich ermutigt und befriedigt fühlen mußte; auch Hiob, entzückt und viel glücklicher und tausendmal reicher, als er es je zu hoffen gewagt hatte, glaubte nun, er brauche um nichts weiter zu bitten, weder Gott noch gar Blandine, und er würde auch nicht mehr verlangen wollen. Er fiel auf die Knie, und was in seinem Herzen vorging, das wißt ihr, wenn ihr liebt, und solltet ihr nicht lieben, so würdet ihr gut daran tun zu lieben, um es zu erfahren. Daß man darüber etwas erfuhr, war übrigens nur möglich, weil die Liebe sich doch stets in irgendeiner Form verrät.

Man beteuert, Blandine habe am nächsten Tag die Bewohner der Stadt mit den bezaubernden und endlosen Harmonien ihrer Viola entzückt, und Hiob habe seine Glocke mit so großem Geschick und so musikalisch geläutet, daß die Menschen in den Straßen stehengeblieben seien, um dem Stundenläuten zu lauschen; und alle kamen überein, er habe in einer einzigen Nacht den alten erfahrenen Glöckner weit übertroffen und könne es mit allen Glöcknern der Welt aufnehmen.

Sechs Monate und noch länger kehrte Hiob gleich nach dem Mitternachtsläuten jedesmal an denselben Ort zurück, und dies war sein ganzes Glück, ein beneidenswertes Glück! Denn jeden Tag antwortete ihm ein Seufzen, und ein Seufzen zählt nicht gering, wenn es jenes Seufzen ist, auf das man wartet.

X

Möchtet ihr wohl wissen, wo das Glück während dieses halben Jahres hauste, so daß ihm wohl kaum jemand anderswo hätte begegnen können? Es hatte in diesem Glockenturm seine Zuflucht genommen und verbarg sich dort vor aller Augen. Warum blieb es nicht dort? Doch wohl weil es unbeständig ist und sich oft aus eigenen Stücken von dem Ort entfernt, wo es am besten aufgehoben scheint, ohne daß man den Grund kennt.

XI

Als wahrheitsgetreuer Geschichtsschreiber habe ich mich bis jetzt damit begnügt, von Hiob und seinem Leben zu berichten, fast ohne ein Urteil zu wagen über das, was er tat oder nicht tat; doch nun sei mir endlich gestattet, ihn zu tadeln, so schwer es mir auch fällt, und hier einmal festzustellen, daß er unrecht daran tat, sich nicht mit dem Glück zu bescheiden, das er hatte.

Ich für meinen Teil, wenn ich glücklich wäre, und es ist gut möglich, daß ich es nicht bin, ich würde mein Glück hegen und pflegen, und wäre es noch so klein, und ich hätte große Sorge, es zu gefährden, indem ich es zu vermehren suche.

Im Herzen ist nur das Verlangen unendlich; zudem müssen wir stets davon ausgehen, daß wir in allen Dingen, insbesondere wenn es sich um Liebe handelt, besser daran tun, auf halbem Wege innezuhalten, da wir in diesem Leben kein Ziel ganz erreichen können.

Doch ein jeder weiß, daß ein und dasselbe Geschehen auf tausend verschiedene Weisen beurteilt werden kann, und da Hiob als Verliebter urteilte – die schlechteste Form des Urteilens –, war er weit davon entfernt, über das alles so zu denken wie ich, denn jeden Tag dünkte ihn, das Seufzen von Blandine werde zärtlicher.

Eines Tages, eines glücklichen Tages, eines verhängnisvollen Tages! schien ihm das Seufzen so viel zu bedeuten, daß das arme Kind sich von der Heftigkeit seiner Leidenschaft mitreißen ließ, in seiner Raserei Mut faßte, an die kleine Tür klopfte und aus ganzer Seele rief: »Blandine, liebst du mich? Blandine, liebe mich!«

Alsdann, so heißt es, geschah, was man noch nie gesehen hatte: Gegen alle Gesetze der Wissenschaft öffnete sich die Türe!… und Blandine erschien auf der Schwelle. Sie liebte Hiob.

Doch im selben Augenblick, als Hiob, ganz außer sich, ja trunken vor Freude in die kleine Zelle stürzte, begann die Glocke – welch fürchterliche Begebenheit – ganz von allein zu läuten, und in der tiefen Stille der Nacht klang ihr Totengeläute so unheilvoll, daß die Bewohner der Stadt entsetzt aus dem Schlaf auffuhren und dachten, bestimmt sei das Ende der Welt gekommen. Und das ist noch nicht alles! Fast im selben Augenblick brach über dem alten Glockenturm ein furchtbares Dröhnen und Getöse aus, fürchterlicher als das Poltern des Donners, und die wunderbare Turmuhr stürzte herab und zerbrach in tausend Stücke!

Als die Bewohner der Stadt am nächsten Tag bei Morgengrauen, nachdem sie sich von ihrem tiefen Schrecken etwas erholt hatten, in das Innere der Kirche vorzudringen wagten, fanden sie auch nicht die geringste Spur der Turmuhr, die doch der Ruhm ihres Landes gewesen war, von Blandine entdeckten sie noch weniger und von Hiob auch nicht mehr.

Was man im Lande natürlich am schmerzlichsten vermißte, das war die Turmuhr und auch ein wenig Blandine, wegen ihrer Viola.

Und was Hiob angeht, so beklagten einige gute Seelen sein trauriges Los; acht Tage lang ging er ihnen nicht aus dem Sinn, dann war er vergessen; man wußte, er war tot, und alle Erinnerung und alle Trauer der Welt hätten ihn nicht wieder zum Leben erweckt.

So recht besehen, glücklicher Hiob! Denn wahrlich, wie viele gibt es, die nicht tot und doch schon vergessen sind?

XII
Schluß

Um dieses schwere Unglück zu erklären, entstanden natürlich in der Stadt mehrere verschiedene Gerüchte.

Die unter den Frauen am weitesten verbreitete Darstellung lautete so: Als Blandine, unsterblich in den kleinen Hiob verliebt, ihn in ihrer Zelle empfing, vergaß sie alles, sogar das Stundenläuten! Gemäß dem Pakt mit dem Teufel verlieh das Satan alle Macht über Blandine; bestimmt habe er nicht versäumt, sie mitsamt ihrem Geliebten in die tiefsten Tiefen der Hölle zu stürzen.

Was mich betrifft, so glaube ich nicht daran, und ich will auch nicht daran glauben. Jedenfalls möchte ich mir lieber vorstellen, Gott, dessen Güte unendlich ist, habe den armen Hiob und die schöne Blandine im letzten Augenblick nicht auf solch schreckliche Weise einfach im Stich gelassen, denn Lieben ist doch kein so großes Vergehen.

Ich glaube vielmehr wie jene, die alles zu erklären wissen, daß der Uhrmacher, eifersüchtig auf sein Werk bedacht, seine herrliche Turmuhr tatsächlich, wie einige Chronisten bestätigen, so konstruiert hatte, daß mittels einer verborgenen Feder, die bis zur Plattform reichte, die Mechanik unweigerlich vollkommen auseinanderfallen mußte in dem Augenblick, da ein anderer als er selbst den Fuß in die Zelle von Blandine setzen würde, was hinreichend die Katastrophe erklärt, die ich hier geschildert habe, sofern es nicht zutreffender ist, wie wieder andere behaupten, Hiob sei außer sich gewesen, als er erkennen mußte, daß er es nur mit einer Statue zu tun gehabt hatte; und als er in diesem trügerischen Abbild vergeblich ein Herz gesucht hatte, zerstörte er mit eigener Hand sein Traumbild und begrub sich selbst und Blandine unter den Trümmern der Turmuhr.

Wenn das die richtige Lesart ist, hat Hiob vielleicht unrecht, mit Sicherheit aber nicht recht getan; man soll nie verbrennen, was man angebetet hat, auch dann nicht, wenn das Idol aus Holz ist. Und noch eins, sind es auf dieser Welt denn nur die Statuen, die kein Herz haben? Und wo kämen wir hin, großer Gott, wenn alle enttäuschten Liebenden sich auf solche Weise rächen wollten?

Sainte-Beuve über Musset

Musset war nur Dichter; er wollte empfinden. Er gehörte zu einer Generation, deren geheime Losung, deren ursprünglichster Wunsch, eingegraben im Grund des Herzens, Dichtung an sich gewesen war, Dichtung über alles. »In meiner ganzen schönen Jugendzeit«, hat einer von den Dichtern dieser nämlichen Epoche gesagt, »habe ich unaufhörlich nichts anderes ersehnt, nichts anderes so laut herbeigerufen in meinen Wünschen, nichts so sehr angebetet wie die geheiligte Leidenschaft« – Leidenschaft als die verlebendigte Dichtung. Solcher Art war im höchsten Maß auch Musset, verschwenderisch vor ihnen allen. Wie ein tollkühner Soldat vermochte er es nicht über sich, im Beginn für die andere Hälfte der Fahrt vorzusorgen; hätte man ihm von sogenannter Bescheidung gesprochen, er hätte es mit Verachtung hingenommen, vermeint, sein Leben von Stufe zu Stufe entgleiten zu sehn. Wandlung war nicht sein Teil. Auf dem Gipfel angelangt, und weiter, dort, wo sich der Berg schon wieder senkt, glaubte er an das äußerste Ende und über jede Sehnsucht hinaus gelangt zu sein: Überdruß faßte ihn an. Er war keiner von denen, die sich mit kritischem Verstand über ihre Kunst hintrösten, denen literarische Arbeit Zerstreuung und Beschäftigung bietet, und die imstande sind, sich, noch dazu in wildem Drang, in Studien zu versenken, um nur Leidenschaften zu entkommen, die noch auf Beute gehn, wenn ihnen schon der rechte Gegenstand fehlt. Er hatte für das Leben nur Haß von dem Augenblick an, da es, in seiner Sprache gesagt, nicht mehr heilige Jugend war. Er sah es nur lebenswert, er ertrug es nur umspielt und erfüllt von leisem Rausch. Er litt; mögen es die, die ihn liebten und immer lieben werden für seine Verse, nicht vergessen! Er hatte das Gefühl und er mußte wohl oft die Todesschwäche der Ohnmacht haben vor der Idee jener höheren Wahrheit, einer mehr heiteren Dichterschönheit, die er erblickte, aber zu erreichen und zu umfassen nicht mehr kräftig genug war.
(...)

Jede Generation hat, wie eine Armee, die Pflicht, ihre Toten zu begraben, ihnen die letzten Ehren zu geben. Es wäre nicht recht, wenn der so liebenswerte Dichter, der uns eben entrissen ward, hinschwände und, selbst in der Fülle des Wahren und Empfundenen, das über seine Begabung schon gesagt worden ist und noch gesagt werden wird, nicht einige besondere Abschiedsworte mit hinnähme von einem alten Freund, einem, der seine ersten Schritte sah. Die klingende Stimme von Alfred de Musset war uns so sehr vertraut und so teuer vom ersten Tag an, sie war uns so tief ins Herz gedrungen in ihrer Frische und in ihrer blühenden Neuheit und er war so völlig, nur noch in stärkerer Jugend, aus der gleichen Zeit, aus der wir selber kamen, einer damals ganz poetischen Generation, ganz und gar nur dem Gefühl und dem Ausdruck hingegeben! Neunundzwanzig Jahre sind darüber hin: ich sehe ihn noch, wie er seinen Eintritt in die literarische Welt vollzog, zuerst in den kleinen Kreis um Victor Hugo, dann in den um Alfred de Vigny, um die Brüder Dechamps. Welch ein Anfang war das! Welch geruhige Anmut! Und was rief er mit den ersten Versen, die er sprach, mit Andalouse, mit Don Paëz und Juana, für ein Staunen, für ein Entzücken rings hervor! Das war der Frühling selbst, ja ein Frühling der Poesie war es, der vor unseren Augen aufbrach. Er war noch nicht achtzehn Jahre alt: männlich stolzen Hauptes, auf den blühenden Wangen noch die Rosen der Kindheit, die Nasenflügel gebläht von dem Hauche der Sehnsucht, trat er vor mit tönendem Schritt und erhobenen Blicks, seines Sieges sichtlich gewiß und ganz erfüllt von dem hohen Mut des Lebens. Niemand hätte, und schon auf den ersten Blick, mehr als er das Bild genialer Jugendlichkeit gegeben. Alle die funkelnden Strophen, diese stürmende Begeisterung, die sich seither eben in ihrem Erfolg verbraucht hat, die aber damals in der französischen Dichtung neu war (...)

(Aus: Sainte-Beuve, Literarische Portraits aus dem Frankreich des XVII. – XIX. Jahrhunderts. II. Band, Frankfurt a. M. 1923)